Brèves de comptoir

Tome 5

1996

J'AI LU

J.M. GOURIO

Merci Bernard		
Sita – Java		
Hitler = SS		
Autopsie d'un nain		
Tue-tête		
Palace		
Brèves de comptoir 1989		
Brèves de comptoir 1990		
Brèves de comptoir 1991		
Brèves de comptoir - 1 : 1992	*J'ai lu*	3978/3
Brèves de comptoir - 2 : 1993	*J'ai lu*	4015/3
Brèves de comptoir - 3 : 1994	*J'ai lu*	4052/4
Brèves de comptoir - 4 : 1995	*J'ai lu*	4291/4
Brèves de comptoir - 5 : 1996	*J'ai lu*	4441/4
La carte des vins		
Vous me croirez si vous voulez		
10 000 brèves de comptoir		
Les coccinelles de l'Etna		

J. M. Gourio

Brèves de comptoir

Tome 5

1996

Éditions J'ai lu

Aux mots, qui dépassent la pensée
dès que ça monte.

A tous ceux qui gardent
leur âme d'enfant dans
du vinaigre à cornichons.

Faut que j'arrête de boire moi...

La petite fille marche entre son père et sa mère. C'est un jour de marché. Elle sent parfois le frôlement du tissu de la veste de son père contre sa joue. Ce n'est pas la main de sa mère qui la guide, ni celle de son père, c'est ce simple frôlement de tissu sur sa joue, pas vraiment doux, mais elle suit comme ça, comme un petit animal suit un animal adulte en posant sa joue ou le bout de son nez contre la fourrure de sa cuisse. Le marché est un grand marché plein d'odeurs mais la petite fille ne sent que l'odeur de son père à travers le tissu, dans le tissu et hors du tissu. L'odeur de son père pousse le monde qui s'écarte devant elle. Ils se dirigent vers le grand café. Le père pousse la porte, ils entrent, s'installent au comptoir. Le père s'abaisse et saisit la petite fille dans ses bras. Il l'assoit sur le zinc tiédi par le frottement des vestes. Un client passe en direction des toilettes. Il fume. La fumée fait un trait bleu devant le regard de la petite. En passant, il dit, sans regarder personne d'autre que sa propre image qui grandit dans la glace du fond, faut que j'arrête de boire moi... Plus il s'approche de son image dans la glace et plus il semble convaincu par son dire qu'il redit, faut que j'arrête de boire moi. Le père se retourne lentement, regarde le dos de l'homme qui a parlé puis reprend sa forme. La petite fille trempe ses lèvres dans son jus d'orange et sourit. Le père se regarde dans la glace derrière les bouteilles, son visage fin passe juste entre la poire et le calva. Il reste silencieux. L'homme revient, repasse derrière le père et devant la petite fille qui sirote et dit, faut que j'arrête de boire moi. Le père se pousse à nouveau, s'écarte du comptoir d'une longueur de bras, se tourne en direction de l'homme qui a repris sa place et le dévisage quelques secondes. L'homme plonge dans son demi. Il a l'air fatigué. Il n'est pas rasé. Il est proprement habillé. Il porte une cravate. Il finit son verre, fait un signe au patron de la main droite, de la main gauche glissée dans la poche de son pantalon il joue avec les clefs de sa voiture. On les entend. C'est un bruit que tout le monde connaît, même la petite fille, pour avoir longtemps marché l'oreille contre la poche de son père d'où sort le cliquetis de métal. Le patron le ressert. La mousse glisse lentement le long du verre. S'accumule puis coule sur le pied. S'étale en nappe moelleuse sur le carton coloré. Épaisse. Une crème. L'homme se baisse et aspire la bière sur le carton et dit, faut que j'arrête de boire moi. La petite fille balance ses jambes. Ses talons viennent cogner contre le faux bois sculpté. Le dessus du comptoir est ancien. La base vient d'être refaite. La matière du bois brille un peu trop. La petite fille passe sa langue sur ses lèvres sucrées. La mère passe le doigt sur le bord de son verre pour essuyer le trait de rouge à lèvres qu'elle vient d'y laisser. Une minuscule trace de rien. La mère boit du bout des lèvres son porto. C'est le jour du marché. Il fait beau. Elle boit avec précaution et gourmandise. Tout en surveillant son monde. Elle est penchée sur le liquide. Elle est fine. Ses mains sont longues. Ses doigts jouent sur le verre. Minuscule guêpe sur une pêche de vigne. Le père mouille le plat de son pouce pour nettoyer le genou de la gamine taché par une goutte de jus d'orange, puis l'essuie à son pantalon en jean trop raide et tout neuf qu'il vient d'acheter sur le marché. L'homme en costume sombre lève son verre, amène la mousse à hauteur de ses yeux pour bien y voir la bulle, baisse le tout de quelques centimètres, il plaque son coude contre ses côtes et boit goulûment. Il tremble de la main, à peine, mais ça se voit. Surtout quand le verre est au bord des lèvres, au moment du contact, l'homme a comme un frisson qui lui court dans le bras, puis c'est fini. Il déglutit bruyamment. Il retrouve son calme. Il pose le verre à demi vide, soupire d'aise et dit, faut que j'arrête de boire moi. Le patron ne parle pas, il tire sur un petit cigare en prenant des airs d'ancien bagarreur que plus rien n'effraie ni n'étonne. Il est court en bras. Court en jambes. Court en cheveux. Court en oreilles et court en nez. Quand on s'approche de lui, tout raccourcit. Les jours. L'avenir et le passé. C'est un patron court en temps. Un patron plein en présent qui donne à son café son raccourci. L'homme en costume noir au bout du bar dit, faut que j'arrête de boire moi. La gamine se renverse et siffle le fond de son verre. Elle attend, dans cette posture, que la dernière perle orange arrive à sa bouche. La perle coule lentement. La gamine louche. Millimètre par millimètre la perle descend. Quand elle roule un peu trop vite la gamine diminue l'inclinaison de son verre blanc pour la ralentir. La bulle orange, sur le verre blanc, va, vient. On dirait un niveau à bulle. C'est la bulle orange qui témoigne de l'horizontalité du grand café. La gamine, le père et la mère font partie de l'instrument. La bulle de jus d'orange s'immobilise, équidistante du fond du verre et de la bouche de la petite. Le comptoir est horizontal. L'homme en costume noir recommande à boire. C'est sa troisième bière. Il bouge le bras. La bulle orange file dans la bouche de la gamine qui rit. Fin de l'horizontale. L'homme dit, faut que j'arrête de boire moi. Retour de l'horizontale. Miracle. La phrase de l'homme en costume noir donne au café son horizontale. Elle est comme une barre de langage qui témoignerait de l'horizontalité de l'endroit alors que la goutte de jus d'orange avalée ne peut plus le faire. Faut que j'arrête de boire moi. Barre horizontale dans la vie du monsieur. Grâce à cette horizontale l'homme en noir peut définir sa verticale. Sinon, rien ne va. Tout s'en va. Faut que j'arrête de boire moi. La phrase devient elle-même comptoir. Le père, la mère s'y appuient. La gamine assise dessus balance ses jambes. Le patron court en bras passe dessus un coup de lavette. Faut que j'arrête de boire moi...

Faut que j'arrête de boire moi.

Il y a des jours, comme ça, dans les cafés, où recueillir une seule petite brève presque anodine suffit au bonheur de la journée.

Alors, les jours où ça tombe comme des grêlons...

Gourio

QUAND VOUS
ENTREZ

Il y a le causeur du bout du bar.

Il y a celui qui gueule plus fort que tout le monde.

Il y a ceux qui
parlent juste à côté
de vous.

Il y a celui
qu'on n'arrête plus.

Il y a le brouhaha
continuel des buveurs.

Pendant que je
pêche à la mouche
ma femme pêche à
l'asticot, elle adore
s'occuper des gosses.

Ma famille, c'est mon coude.

Celui qui a la rage d'écrire met plein de gros mots pour que ça se voie, alors que celui qui a de la retenue dans l'écriture n'en met pas, c'est comme ça qu'on les reconnaît.

Dans la campagne présidentielle, quand tu les vois tous, le mot campagne, il est en trop.

Dans la conquête de l'espace, le premier arrivé se garde les étoiles pour lui.

Les bananes passent les frontières plus facilement que les hommes et moi je dis que l'homme est devenu fou de voter des lois qui avantagent les bananes par rapport à lui-même.

Pour gagner au Loto, il faut être pauvre, il faut jouer, il faut gagner, c'est beaucoup de conditions...

C'est tous les soirs qu'il faudrait voter, alors là, le président élu, il irait droit !

La moindre des politesses, c'est de picoler avec son mari quand il s'agit d'une femme qui picole...

Moi je bois pas la nuit.

Les pompiers n'ont que des globules rouges.

Ma potion !

Le capitaine coule avec son bateau, le médecin meurt avec son malade !

C'est pas le moment d'aller en vacances en Algérie.
– C'est inondé ?

Les paysans qui se droguent ramassent les œufs des vaches.

Y a plus de prières maintenant, y a le fusil, tu te mets à genoux, tu tires !

Le poisson a tout le temps faim parce qu'il nage tout le temps.

Les châteaux sont classés, et pas les gens, les gens tu peux casser, tout le monde s'en fout.

Le visiteur visite les endroits à visiter, si c'est fermé, le visiteur, il est comme un con devant la porte.

Quand je taille les haies, ce qu'y me faudrait, c'est un million de Chinois, avec eux ça va vite.

Oahou ! Ouah ! Ouaw !
– Tais-toi le chien ! Je te paye pas pour garder la maison... t'es client...

Les cons, à l'autopsie,
ils sont comme les autres,
sauf la famille qui attend.

... C'est une famille
de cons.

La vésicule biliaire a plus d'un tour dans son sac.

On se vide de notre jeunesse les uns dans les autres, les plus vieux se vident dans les plus jeunes, quand le plus vieux s'est tout vidé de sa jeunesse, il meurt, et le plus jeune qui s'est rempli de jeunesse commence à déborder dans un plus jeune que lui qui se remplit à son tour, la jeunesse fait comme une fontaine de champagne, pour dire que la vieillesse n'existe pas, la seule matière, c'est la jeunesse, qui coule, qui coule, qui coule, depuis le début de la vie jusqu'à la fin, la jeunesse coule, coule, coule, et c'est très bien comme ça !

De Villiers,
je l'aime pas,
y sent un peu
la charrette
pour l'échafaud.
– On revient
aux traditions.

L'huître ça
fait pas
grossir, c'est
du gras d'eau.

Schubert,
sans sa
musique,
il aurait
été un raté.

Les spermatozoïdes des cyclistes
ont un numéro dans le dos.

Je ne vomis jamais.
– Oui, eh bien, ce n'est pas bon.

V'la le commando en espadrilles...

Vous ne me ferez pas manger un animal dessiné par Walt Disney !

Souvent, c'est ça, y a un nid par arbre.

Certains animaux sont sourds, la surdité n'est pas une qualité que humaine.

Moi, je suis une femme de goût, tu me sortirais en boîte, je voudrais pas.

Auguste, c'est pas un nom, au début c'était une marque de terre de bruyère.

Travailler à la Poste, c'est une certaine idée des valeurs.

Plus tu marches, plus t'avances, et ainsi de suite.

Ça va ?
– Ça va.
– De toute façon, dès que t'as bu, t'es heureuse.
– VOUS êtes heureuse.
– Oui, vous êtes heureuse, excuse.

La folie ? Mais c'est quoi la folie ?

Il faut mettre des pots de fleurs différents sur ton balcon sinon tu décores comme un connard.

Des bijoux en crotte de caribou.
– !
– Oui madame !
– !
– Et ils les portent !

On est partis à peine une semaine, on revient, de la poussière partout comme à Hiroshima.

Un café chaud dans une tasse propre !

Les gens qui se curent le nez, je leur ferais creuser des tranchées, je sais, je suis dur, je sais...

Un café normal et un décapotable !

La vie, la mort, c'est le cycle de la vie-la mort, tu te tues en bagnole, c'est de la philosophie.

Pour que l'homme ait deux têtes, il suffit que la science fasse un bond.

La fondue de champignons, on la met au frigo, c'est plus intelligent...

Qu'ils essayent de fermer le bistrot, qu'ils essayent ! Moi je fais fermer la gendarmerie !

Et que j'te sale, et que j'te sale...
– Et en plus, là, c'est du poivre.

Y a pas de fumée sans feu.
– Alors ça c'est vrai.

... Une année de sécheresse, non, moins, un peu moins d'une année, une année théâtrale de sécheresse...

Chirac, Balladur, ça monte, ça descend, tu me feras pas monter dedans.

La vie de tous les jours, c'est de la vie genre plateau de la cantine.

Les papillons se foncent pas dedans, mais si t'en as un dans ta voiture, il a des chances de foncer dans un papillon qui est dans une autre voiture.

Tapie, la nuit, il pleure dans son lit...

Tous ces intellectuels qui ont voté Chirac, ça fait pas tellement intellectuel, à force...

Vous n'auriez pas Le Parisien ?
– Occupé !

Je sais rien faire, je me fous de tout, si ça se trouve, avec un programme comme ça, je serais élu...

La politique, plus on en plante, moins ça repousse !

Pendant quatre-vingts ans tu te sens en danger de mort et un jour tu avais raison, tu meurs.

Tu bois du thé, tu danses, c'est tout ?
– Ben oui, c'est un thé dansant.
– Ça casse pas trois pattes à un canard l'idée, quand même.
– C'est anglais.
– Je sais... avec le thé, on se doute... moi le thé, ça me fait pisser, tu me feras pas danser avec l'envie.
– Tu peux regarder.
– Avec l'envie !
– T'as qu'à y aller.
– Passer le dimanche à y aller, moi je suis mieux chez moi...

J'aimerais bien qu'on me fasse ma greffe bientôt, c'est difficile d'attendre comme ça, un nouveau cœur, n'importe, même un diesel.

Dans ces pays-là, l'ombre, ça vaut de l'or, moi la mienne, je la vendrais, de toute façon je m'en sers pas, je sors jamais au soleil...

Castro à Chablis ?

... de la tendresse derrière les volets et de la merde sur les trottoirs, une très belle rue...

C'est des voitures tout de suite volées...
– Elle plaît à ma femme, alors elle peut pas plaire à la mafia.

... de la pluie,
de la pluie,
énorme, chaque
goutte était déjà
une pluie à elle
toute seule.

Il a le regard d'un
marchand de sucre,
ce chien...

C'est pas la peine
de briguer un sucre,
tu n'en auras pas !

*Pour aimer les
gens, faut les
regarder, toi tu
regardes tout le
temps par terre.
– J'aime bien
par terre.*

Je sais pas ce que
je vais bouffer ce
soir, alors c'est pas
pour savoir pour
qui je vais voter
dans deux mois !

Il n'a aucune
personnalité,
quand il est là,
on dirait un trou
dans le paysage.

Si les enfants
mangeaient
les parents,
y aurait moins
de chômage !

*Quand j'ai pas dormi,
je dors debout.
– Vous voulez vous asseoir ?
– Non non, je dors debout.*

Mon mari, à
l'œil, il est pas
saoul mais si on
lui fait le
souffli, alors là !

Henri IV,
Marcel Proust,
tout ça c'est
du pareil au
même.

Les fruits et légumes sont souvent plus utiles que les animaux.

Pamela Anderson, c'est celle qui joue dans «Arlette à Malibu».
– Ah bon...

Les guerres, les maladies, les accidents, moi, Dieu, hop, en prison ! Et pas de visite.

L'eau de la bouteille est con, elle ne fabrique que des usines à bouteilles...

Tapie, il me donne vingt briques, pareil, je joue pas au ballon.

La fusée Ariane, elle marche une fois sur deux maintenant, c'est pas avec ça que je ferais livrer mon mazout.

Le pont de Normandie, si ça avait été une route en dessous, ils l'auraient jamais fait aussi beau que ça, c'est à cause de l'eau, la présence de l'eau, le respect de l'eau, l'eau pour un pont comme celui-là, ça fait la moitié du boulot de l'architecte, l'eau est architecte en un certain sens et un architecte très intelligent puisqu'il ne soutient aucun candidat...

Je ne lis jamais la page 13.

Rate un virage, tu verras l'accident que ça fait puisque t'as pas l'air de me croire...

Moi, je prends le bus.

Le cinéma a cent ans, mais c'est comme les chats, faut multiplier par huit.

Du gaz mortel, qu'on m'en mette dans mon taxi, tu vas voir un peu !

Au Crédit Lyonnais, c'est des hyènes...

Du gaz mortel dans le métro, mais ils sont fous les Chinois.
– C'est au Japon.
– Vous avez vu ?
– C'est des Japonais.
– Alors eux, c'est encore pire.

Tu me transformes en Hibernatus, avec mon pull j'ai même pas froid.

Faire le bonheur des peuples, c'est beaucoup, alors qu'ils fassent déjà le bonheur des gens...

Vous prenez tranquillement votre petit métro et vous êtes assassinée !
– J'ai toujours un mouchoir dans le sac.

Le samedi, on fait les courses de la semaine.
– Vous avez raison, l'avenir, ça se prépare.

Les Japonais ont des soupes, on dirait des labyrinthes.

Une collection de chapeaux de cow-boys et de plumes d'Indiens mais pas dans la même pièce bien sûr...

Dans la drogue, ils mettent un truc, du coup, t'es drogué.

Le temps, l'espace, c'est DEUX poids DEUX mesures.

Avant, t'achetais une télé, on t'abonnait gratuitement à un journal télé, aujourd'hui, c'est le contraire, tu t'abonnes à un journal télé, on t'offre un téléviseur, c'est pour dire où en est la télé !

L'exactitude, c'est la police des rois !
– La politesse...
– La police des rois !
– La politesse...
– Je m'en fous, c'est pareil !

Miss Monde, tu peux plus sortir de chez toi, tout le monde te pince le cul.

Se faire toucher les fesses à l'ANPE, est-ce que c'est du harcèlement sexuel au travail ?

La France est troisième exportateur d'armes dans le monde.
– C'est bien, comme ça, ça nous débarrasse.

Vivaldi, il l'a dans l'os, on n'a pas eu de printemps.
– Qui ?

L'Égypte, six mille ans d'histoire, le soir on se faisait pas prier pour aller au dodo, c'est moi qui vous le dis !
– Je veux bien vous croire.

C'est l'heure là ? Oh merde !

Dans le monde virtuel, le dimanche midi tu vas manger chez ta mère de synthèse et le soir tu retournes dans ta disquette.

Le téléphone portable, l'ordinateur portable, le porteur revient à la mode.

La corruption n'est pas une fatalité...

Les danses d'Ukraine...
– D'Ukraine ?
– Les danses d'Ukraine...
– Y a pas de danse en Ukraine.
– Ben ! Et les danses d'Ukraine ?
– Mais non, voyons...
– Ha bon...

Si Cantona prend deux semaines de prison, alors Tapie c'est un milliard d'années.

La reine d'Angleterre, moi je chie dans son chapeau.

... ni plus ni moins un connard...

Le pire écart de salaire, c'est un mois entre deux paies.

Exporter du cacao, c'est pas du boulot.

À l'escrime, c'est l'élastique dans le cul qui gêne...

Le vertige s'opère, on te l'enlève du cerveau.
– Tout s'enlève du cerveau.

Décharger le camion, machiner des trucs, machiner des trucs, machiner des trucs, remachiner des trucs, repartir avec le camion, si t'appelles ça rien foutre, ben merde !

Le soleil, c'est une sorte de contre-pouvoir à l'EDF.

... il tombe, il se relève, il tombe, il se relève, il tombe, quand il a bu, c'est une giboulée.

J'ai laissé mes lumières...
– Résultat, plus de batterie.
– De quoi je me mêle ?
– Ah pardon.
– Il me mange les histoires sur le dos ce con !
– Bon, ça va, excuse.
– T'as qu'à avoir tes ennuis !
– Ça va, ça va...
– Il vit sur les ennuis des autres celui-là !

Ils ont supprimé les frontières cette nuit.
– Si ils en veulent plus des frontières, moi je les prends pour mon jardin.

Enterré vivant,
c'est déjà mieux
qu'enterré mort.

J'ai été voir *Les Misérables*, le Lelouch, faut pas chercher de misérables là-dedans, t'en verras pas.

Les gens bien, ils boivent pas dix litres, ils boivent un petit coup et ils vont au théâtre...

Ça va ?
– La routine...
– Et la routine, ça va ?
– La routine elle va bien.

On était pleins comme des boudins ?
– Non non, ce qu'il fallait.

Tout est de la routine, mis à part l'anniversaire de la libération de Paris.

Dans les sources d'eau chaude, les têtards ont des vestes EDF.

La routine, on se plaint, mais en même temps, ça occupe.

Je ne parle jamais à un sourd, et vous ?
– En général ou maintenant ?

L'oiseau apprend à faire son nid à l'armée.

Grève de bonheur pour tout le monde !

Trop de costumes dans un film et résultat, tout le monde joue mal comme s'il était à poil.

Moi, j'arrive de bonne heure le matin, je veux pas être le dernier à en faire le moins...

Je suis sorti un mètre vingt-cinq et je suis revenu.
– T'allais où ?
– Je sais pas.
– Un mètre vingt-cinq pour faire demi-tour, faut pas te confier une péniche à toi.
– Un mètre vingt-cinq, je sais, c'est la largeur du trottoir, quand je suis tombé, ça a été mesuré pour le constat.
– Faut pas te confier un trottoir à toi.

D'accord pour que c'est légal, mais dans ce cas, on n'a plus qu'à planter du cannabis à Bellechaume pour sauver les paysans français dans ce cas-là !

Un petit canon s'il en reste s'il vous plaît madame !

Ça a été la semaine du rock et du jazz pour moi cette semaine puisque j'en ai écouté lundi et mercredi.

À la mer, si tu fais pipi dans l'eau, ça attire les petits poissons.
– Dans les mers chaudes ?

Les criquets font pareil que les militaires, ils envahissent tout, ils bouffent tout, ils pondent, ils s'en vont et ils écrivent plus jamais !

... il y a connerie et connerie...

C'est plein de conneries dans la nature, suffit de savoir regarder.

Salut couille molle !
– J'ai pas le temps de discuter.

Ça fait une éternité que je t'attends !
– J'ai mis une éternité à me garer.
– Je leur sers quoi aux éterneaux ?

Un restauroute sur la route du pétrole, avec le passage, t'es toujours plein.

Tapie, c'est une carie, y a du fric qui se coince dedans mais ça pourrit tout de suite.

Mon meilleur avocat, c'est moi.
– Pauvre con !
– Comment tu parles à un avocat, toi ?

Si tous les bistrots ferment, tant pis, on s'accoudera les uns sur les autres...

Plus tu vis longtemps et moins ça te fera de temps à être mort.

Cinquante ans.
– Mourir à cinquante ans, c'est l'histoire du verre à moitié mort tôt à moitié mort tard, c'est selon...

Certains poissons vivent sous les noyés parce que pour eux, ça fait comme un radeau.

La massue, c'est un progrès d'une époque, le TGV, c'est un progrès d'une autre époque, un coup de massue dans le TGV, c'est deux progrès dans la même époque.

La vie passe tellement vite, assis au bord de la route vous la voyez pas passer.

C'est bien les boîtes de whisky vides pour ranger les aiguilles à tricoter.
– Tu tricotes toi ? Non ? Alors...

T'aurais bu deux trois bières de plus, tu tombais ici mais au moins t'aurais pas été renversé par la voiture, deux trois bières de plus et t'avais rien.

Il faut bien que la parole serve à autre chose qu'à dire des trucs, non ?

Pourquoi douze est devenu une douzaine et onze est rien devenu ?

Tout ce qu'on rend à César depuis que César est mort, c'est impensable !

Balladur, on dirait les débuts de l'aviation.

Il parle vite comme les soldats romains qui font la tortue pour pas qu'on puisse leur répondre...

Le lapin est son propre pâté.

Quand il parle ça fait le bruit de l'eau, alors je m'endors...

Encore aux chiottes ? Il a la merdomania celui-là !

Le traumatisme de la naissance, écoutez, on va tout de même pas mettre des casques aux bébés !

Les deux pieds dans la même chaussette, faut être saoul pour faire ça.

Le soleil tape tellement que ça enfonce les clous dans les volets.
– Exagération.

Et je serre les mains ! Et je serre les mains ! La politique, c'est plus rien qu'un travail manuel aujourd'hui...

Y a des chevaux qu'on mange nous, pis y en a qu'on donne à manger aux vaches.

Il entend rien ton chien.
– Il est sourd.
– Il dit rien ?
– Il est sourd et muet.
– C'est rare pour les chiens.
– On sait pas.

Ça a vraiment été inventé pour l'homme, le poulet.

La Terre est une petite épicerie qui finira par disparaître dans l'univers, qui lui est une grande surface, pour comparer...

Quand tu vois ce qui se passe sur terre, en France on est mieux finalement.

Il est bien mignon votre petit chien.
– Ah oui.
– Quand il va mourir, vous allez être triste.
– ...! ...? ...!

Bourré au volant, moins six points de permis.
– Archi-bourré ?
– Archi-bourré, moins six points aussi.
– Ah dis donc, c'est bien ça.

Balladur, il doit manger mal cet homme...

Jospin, c'est de la farine à poisson, et je le dis comme je le crois.

Tout le monde parle, personne écoute, si le Bon Dieu avait mis les oreilles sous le nez et les bouches ici, ça changerait tout.

Si j'étais un moineau,
j'irais à Saint-Tropez,
tu manges des miettes,
tu dors sur la plage...

L'effet de serre, si on a des palmiers à Lille, je dis oui.

... Une gravière tellement il est plein de boutons.

... On vivait dans les environs de Paris, maintenant, on habite en banlieue, et tout ça sans bouger d'un mètre !

J'aime bien prendre les petites routes, il aime bien prendre les grandes routes, il dit que la voiture aussi aime les grandes routes, la voiture est avec lui contre moi maintenant...

L'alcool est le plus taxé de tous les sports.

Pour qui vous allez voter ?
– Ça se dit pas pour qui on vote.
– Droite ? Gauche ?
– Ça se dit pas si on est de droite ou si on est de gauche.
– Ça se voit...
– Chez moi, vous ne verrez rien, je n'ai même pas de bijoux.

Je n'ai jamais voté, et pourtant, on n'a jamais manqué de président de la République !

Cabaudie est un nom qui ne s'invente pas.

Une ruelle en pente, c'est le minimum qu'elle puisse faire la ruelle, non ? C'est trop lui demander à la ruelle !

T'auras pas raison avec moi quand j'ai bu !

Quand il fait beau à Montereau, il fait beau à Sens.
– C'est un dicton de vieux.
– J'ai l'âge.

Allez hop, à l'écurie...

... avec lui régime c'est régime, même pour une fraise il ne ferait pas une dérogation...

Qu'est-ce qu'ils disent dans l'horoscope ?
– Rien.
– Ha ? C'est la première fois.

Mais quand est-ce que j'aurai le temps de travailler si je suis tout le temps ici ?
– Ça, c'est tes problèmes d'emploi du temps mon pote.

Un cœur en cristal, chaque battement, ça fait, DING !

C'est un pays pourri, ça pleut tout le temps, si tu vois du bleu dans le ciel c'est pas du beau temps c'est un soldat sur le toit, t'as plus qu'à tirer.

García Márquez, pour moi, c'est de la BD.

Quitte à payer quatre milliards, je préfère acheter un Van Gogh qu'une merde.

C'est les conneries
qui font rire les gens.
– Pas du tout !

Quitte à apprendre l'anglais, autant que ça soit l'allemand.

Je me gare n'importe comment, je m'en fous, y aura l'amnistie.
– Moi je dors mal.
– ?
– Je sais, mais je suis pas collé à l'amnistie.
– ?
– Moi je vis comme si de rien.
– Enfin bref, les prunes vont sauter.
– À 3 heures du matin, j'ai les yeux ouverts comme ça.
– Moi je dors bien.
– Vous vous garez mal et vous dormez bien, vous avez de la chance.
– Il faudrait des amnisties pour tout.
– Ne vous occupez pas de moi.

Air Inter, ça fait longtemps que ça vole plus comme les autruches.

Napoléon, Mao, tout ça, c'est bonnet blanc et blanc bonnet.
– Ah non, c'est pas le même chapeau.

Tous ces sondages, ça fait de nous des cobayes, c'est tout ! Je suis pas un hamster, c'est tout !

... C'est pas gros slip, c'est gros cigare dans le slip que j'avais dit l'année dernière.

Il a des poignées de valise ici.
– D'amour.
– Ça fait longtemps qu'on s'aime plus.
– ...
– On voyage.
– ...
– Je me plains pas.
– ...
– On a vu un élevage d'autruches, vous connaissez les autruches ?
– À la télé.
– C'est pareil en vrai.

Tout va trop vite de nos jours, en deux heures, vous êtes ailleurs.

Même sur un petit écran, un plan large c'est un plan large.

Le pain c'est bien mais alors,
les miettes,
les miettes,
les miettes...

... Vous avez jamais eu faim, parce que si vous aviez vraiment eu faim, même un lapin en peluche...

Ceux qui ont la moustache aiment bien les jeux de mots.
– Ha oui peut-être.

La présence militaire française, qu'est-ce que ça laisse comme bière !
– Beu...
– J'y étais.

Du blanc le matin !
– Je peux pas boire du chaud.

À Paris, ils ont tous sept millions de voisins.

Mirette ?
– Oui, parce qu'elle a toujours des petites crottes aux coins des mirettes.
– ...
– Vous aimez pas ?
– Si si, c'était pour savoir.
– Elle est vieille, elle est pleine de rhumatismes, elle marche plus la pauvre, faut que je la porte, mais elle est gentille, mais gentille, c'est ma Mirette... Vous avez des animaux ?
– Des poissons exotiques.
– ... pas des animaux ça, c'est de la décoration.
– J'ai pas critiqué votre pourriture, alors soyez gentille.

You go to Brunoy you tout de suite ?

C'est toujours comme ça qu'ils font les hommes, d'engueuler leur femme plutôt que prendre des cachets calmants, c'est plus naturel et c'est moins minable que d'engueuler un gosse ou un chien !

... engueuler sa femme c'est pas de la drogue.

... C'est tout ce qu'on voudra mais pas de la drogue.

Avec une bombe, un connard peut faire écrouler un immeuble, les torts sont partagés entre le connard et l'architecte.

Le minimum de politesse des instituts de sondage, c'est d'en offrir un ou deux gratuits pour s'excuser...

Quoi ? Distribution
de topinambours ?

... à la pattemouille, toujours à la pattemouille, à condition d'avoir un déminéralisateur d'eau, sinon j'abandonne la pattemouille, vous faites entrer le calcaire dans la fibre, après le linge est rêche, pas agréable à porter, une pattemouille doit être bien faite sinon pas de pattemouille, une fois deux fois trois fois passe encore, mais à la longue, votre pattemouille fait plus de mal au linge que de bien, vous savez, un beau repassage sec bien fait patiemment donne un aussi bon résultat qu'une pattemouille mal faite, des fois, il vaut mieux faire simple et beau que compliqué et abîmer le tissu, surtout en vacances, souvent l'eau n'est rien qu'un nid de calcaire, dans les pays à falaise ou en montagne aussi, dans les vallées vous avez sur l'évier une eau qui est tellement élevée en teneur qu'en repassant à la pattemouille vous faites autant de dégâts que dans les grottes, vous déposez comme des micropointes de calcaire entre les fibres, comme des minuscules stalactites invisibles à l'œil mais alors au toucher, vous les sentez, vous enfilez la chemise ou le pantalon, vous croyez que vous avez enfilé une grotte, alors toujours à la pattemouille, mais pas dans n'importe quelle condition et pas n'importe où... un déminéralisateur d'eau, oui, c'est pas facile à dire mais c'est facile à trouver... stalactite, celle qui tombe et stalagmite, celle qui monte... ah si ! ... je le sais puisque je vous le dis !

... j'ai pris
mon vendredi...

Mon mari, quand il est en forme, c'est comme si tu interviewes un grand professeur.

À Noël, nous c'est pareil, on vote toujours pour de la dinde.

Les oiseaux te regardent pas dans les yeux, jamais, ou c'est très rare, une ou deux fois dans la vie, l'oiseau, la vie de l'oiseau, pas ta vie à toi, ça vit deux ans ou même trois, disons quatre ans de vie pour l'oiseau, toi tu vis quatre-vingts ans, si l'oiseau te regarde dans les yeux deux fois dans sa vie, ça fait que tu as regardé quarante fois des oiseaux dans les yeux, et finalement c'est beaucoup, tiens, je m'en rends compte en le disant...

Dimanche, on a cueilli plus de jonquilles que la voiture qui roulait devant nous.

J'ai voté «pluie», je suis pas sortie.

Voter c'est bien, ça veut dire qu'on est honnête.

Le Pen, au moins, lui, il sait faire du tracteur.

Balladur, Chirac, c'est les mêmes, et d'abord, ils font le même boulot.

Je vais pas faire de polémique là-dessus.
– Vingt-six plantes dans le pastis.
– Seize.

Des fanatiques, tu en as dans tous les pays mais pas dans tous les départements.

Jamais de politique à la maison... d'ailleurs, jamais rien à la maison...

Laguiller, elle est bien mais elle crie trop, comme le patron du tabac.

Les jeunes ont voté Chirac.
– Oui, eh bien, c'est mieux que d'avoir des accidents de voiture en sortant des boîtes de nuit !

Jospin... il a rien dit en plus !
– C'est normal qu'on vote pour celui qui dit rien puisque les autres disent tous pareil.

Tu me fais un sondage sur ce que je bois, je dis que je bois pas, alors leurs sondages, moi...

L'erreur à éviter, c'est entre le sucre et le sel.

Le tigron, mélange tigre et lion.
– La tangerine aussi mélange orange et mandarine.
– C'est pas pareil.
– Si, puisque au résultat, c'est la même chose.

... au moins ça change...

Les légumes inventés en laboratoire refusent de manger de la terre après.

T'es très intelligent, tu crois que t'es con, c'est bien, mais t'es très con, tu crois que t'es intelligent, c'est dangereux, dans certains cas, croire qu'on est con est une qualité.

Je n'achète plus de ce jambon-là depuis que j'ai vu à la télé que c'était le jambon préféré de la chanteuse Lio.
– Ha ?
– Lio.
– Ha ?
– C'est son jambon.
– Ha ?
– J'en achète plus.
– Ha ?
– C'est une chanteuse qui aura fait beaucoup de mal à ce jambon.
– Ha ?

Je vais me suicider au yaourt périmé, pour voir...

Une sorte de schizophrénie répandue, c'est la mousse sur la bière, c'est de la bière mais c'est surtout de la mousse, c'est pas de la bière en fait, c'est pas de la vraie mousse, c'est curieux, sans être religieux, comme une secte.

Ça n'est absolument pas cohérent comme pensée la pensée hindoue !

Le gendarme mondial, c'est l'air qu'on respire.

Ils recrutent du personnel mais il faut parler la langue de Pouchkine.
– Qu'ils aillent se faire enculer.

Avec l'herbe du haut des dunes, on doit pouvoir faire des sortes de perruques qui s'accrochent bien.

Vous voulez envoyer les anciennes perruques à la casse, c'est ça ?

J'aimais bien les écologistes quand c'était un homme mais maintenant c'est une femme en jupe, qu'est-ce qu'elle y connaît en écologie, elle peut même pas se baisser...

Entre le QI et l'intelligence, excuse, mais y a un pas !

Faut être con pour calculer son QI.

Moi, je veux pas le savoir.

Quand j'ai peur de quelqu'un, je l'imagine aux cabinets et ça passe, j'en ai plus peur.
– Moi c'est le contraire, quelqu'un aux cabinets, j'ai encore plus peur.

Pourquoi les statues marchent sur les pelouses et pas nous ?

Remuez-vous ! Vous avez son numéro de téléphone ? Vous avez fait quoi hier soir ? Vous avez fait la fête ? Jusqu'à quelle heure ? C'est quoi son prénom ? Alors appelez votre ami ! Une heure de retard ! Allez-y ! Appelez Pierrot ! Vous êtes parti et lui il dormait encore ?
Y a pas le téléphone à votre foyer ? Alors qu'est-ce que vous attendez ? Il a une voiture ? Il va avoir un RER là? Mais laissez sonner ! Laissez sonner ! Y a pas de gardien dans votre foyer ? C'est un répondeur ? Eh bien parlez dedans ! Parlez ! Dites-lui que monsieur Delion est pas content du tout !

... allô Pierrot, on t'attend au travail...

Allez poussez-vous ! Poussez-vous ! Laissez ! Allez servir ! Dites donc, c'est le Dormeur du Val votre copain !

Dante ? L'écrivain qui est mort ?

Le meilleur moment dans les peintures de la grotte de Lascaux, c'est quand les hommes préhistoriques ont fait le vernissage.

On pense moitié-moitié la même chose chacun et à nous deux on pense la même chose en commun et pour le reste, chacun ses idées.
– Vous pensez ce que vous voulez, ça me regarde pas.

... Comme Rodrigue et Chimène, tout l'argent sur le même compte.

T'as réussi à mettre ton bulletin dans l'urne, toi ? Je t'ai vu passer, t'avais trois pains dans les mains.

Dans le monde, tout est en proportion, alors c'est pour ça que je suis pour la proportionnelle.

Chirac quand il était Premier ministre je me souviens, il a triplé les licences des bistrots, multiplié par trois, et Barre, il a bloqué les prix, tout bloqué, les sandwichs, les croissants, on pouvait plus rien faire nous... allez...
– Au revoir... et votez bien.
– On va bien voter... c'est forcé.

Dès qu'on juge un criminel de guerre, on met une vitre blindée, à mon avis, on aurait mieux fait de la mettre avant la vitre, autour des victimes...

C'est du bon sens mais oui, c'est du bon sens.

Cornélien, c'est quand y a des problèmes et racinien c'est quand c'est comme ça, tout droit.

Que ça soit la droite ou la gauche qui passe, pour nous ça change rien puisque nous, on est toujours pareils.

De la faune, de la flore, tu as les deux dans le bifteck-salade.

Vous avez changé vos lunettes ?
– Les autres voyaient plus.

Des lunettes de soleil, un an sans voir le soleil, vous pouvez les jeter.

Ça va de main en main, tout le monde les touche, les pièces de monnaie, c'est plein de microbes.
– Les pièces de combien ?

J'ai un naturel curieux, tout m'intéresse, ne laissez pas traîner un joli timbre devant moi !

Tu sais combien ça coûte un sondage ?
– ...
– Des milliards
– !
– Et c'est bidon.
– ...
– Tous les milliards des sondages, ils nous les donnent et on va répondre ce qu'ils veulent, qu'est-ce qu'on s'en fout nous.
– ...
– Avec les sous des questions, ils auraient déjà un début de réponse.
– ...
– Non ?
– ...
– Où est-ce que vous partez en vacances ? Ça te paye déjà le voyage, non ?
– Si.
– Alors ?
– Quoi ?
– Qu'on nous paye, comme ceux qui testent les médicaments !

Leurs sondages, c'est du toc, et je ne suis pas la seule à le dire !

La mort subite du nourrisson, en fait, c'est le nourrisson qui fait subitement demi-tour.

Faut dire des conneries aux journalistes comme ça, après, tu lis tes conneries dans les journaux.

Beaucoup de gens parlent sans réfléchir, mais attention, je me mets dedans !

Dans les dialogues des films américains on n'a pas le droit de traiter les femmes de connasses et moi il me traite de connasse !

Tant qu'on n'a pas de guerre dans les journaux régionaux, c'est qu'on est en paix.

... Vaut mieux des grands livres en papier que des grandes bibliothèques en verre...

Mon fils, dès qu'il a su parler, il a refusé les suppositoires.

... il fait des yaourts, on l'appelle le professeur Nimbus.

Vous me ferez pas marcher cinq heures à pied, même si c'est pour partir à l'aventure.

Il n'y a plus de grand penseur, et en province c'est pareil.

Le bousier est un insecte qui se nourrit avec du crottin et que beaucoup de scientifiques ont filmé pendant qu'il mange...

... faudrait pas me foutre une caméra sous le nez pendant que je bouffe, moi...

Le vrai porte-bonheur c'est le muguet des bois.
– Beu beu beu...
– Le muguet planté fait pas pareil, non, non.
– Beu beu beu...
– Si on vous plante ou si vous vivez dans les bois, vous allez voir si vous portez bonheur pareil.
– Je suis pas du muguet.
– Bien sûr, personne est du muguet, moi non plus je suis pas du muguet, mais c'est une déduction, quand c'est naturel, c'est plus porte-bonheur puisqu'on a eu la chance d'en trouver.
– Moi mon muguet, je l'achète, comme ça si j'ai du bonheur, je dois rien à personne.

J'aimerais bien avoir des pieds plus grands, j'adore les chaussures.

On ne peut pas mettre des lunettes à l'envers, si tout était fait comme les lunettes, on ne mettrait jamais rien à l'envers.

Les petits oiseaux chantent très tôt le matin sauf si il pleut, ils ferment leur gueule.

Vous n'avez pas le monopole du foie !

La pluie, oui, le vent, non.

Si c'est Chirac qui est élu, qui c'est qui sera maire de Paris ?
– Toubon.
– Toubon, ah non, il a même pas une tête de maire de Limoges.

... j'achète du Chirac et je revends pour acheter du Jospin, si ça baisse je revends, je prends du Chirac, c'est une élection comme à la Bourse ce coup-ci...

Chirac, Jospin, il leur faut vingt personnes pour décider de la taille de la table pour leur débat à la con, alors pour diriger la France, combien il va leur en falloir, du monde ?

Zappe ta bière, on est à la bourre.

Le portrait en peinture sur les cartes d'identité ferait travailler plein d'artistes.
– C'est pas les plus malheureux, va.

Tchernobyl continue de marcher puisque à trente bornes de là, ça fait bouillir la soupe.

... Virgule, mon cul, derrière une virgule tu peux écrire mon cul comme tu peux écrire nuage, la virgule sait pas lire, c'est pas elle qui va se plaindre.

... Un début, un milieu, une fin...
– Alors là d'accord, c'est du vrai cinéma.

L'intelligence se voit dans l'œil parce qu'après tout, c'est le trou le plus près du cerveau...

... Ça fait comme un puits que tu te penches, tu vois l'eau dedans.

... Ça fait ça...

C'est depuis une semaine ce temps, il fait doux, et ça dérègle, tout est en avance, les oiseaux déjà ils ont pondu sous la dalle de la gare, manque de pot, ils vont faire des travaux, ils vont tout casser pour faire la nouvelle gare, les petits vont se retrouver dans les travaux, résultat, c'est ça le résultat...

Vous voulez que je vous prête mon sac ?
– Un sac de fille ! Elle est folle cette fille !

L'oie mange de l'herbe, c'est ni plus ni moins une tondeuse à gazon.

Une chanson française qui parle de l'Angleterre, pour moi, c'est une chanson anglaise, et j'ai vite fait de reconnaître les pays qu'on met dans les chansons.
– Moi du moment que c'est bien chanté...
– Alors vous, on peut dire que vous vous y connaissez, tenez...

... au rayon au fond en haut à gauche de Carrefour c'est les vins blancs liquoreux, vingt-deux francs la grande bouteille, pas la bouteille tordue, la grande bouteille, j'en ai pris quatre, j'ai du foie gras et un ami tatoué de la tête aux pieds qui vient.

Vous verriez ce qu'ils vendent dans ces magasins de souvenirs, que des choses qui ne se gardent pas.

Jamais j'aurais cru qu'un jour j'aimerais ça.
– Il ne faut pas dire, grenouille, je ne mangerai pas de tes cuisses.
– ... et pas des petites portions, des pléiades de cuisses !

Tiens ? Un film sur le vent, à la télé.
– Qui c'est qui joue dedans ?

Je peux vous la laisser ?
– C'est quoi ?
– Y a pas d'argent, y a rien, c'est une valise avec de la viande.
– ?
– ...
– Pas longtemps alors.

Il parle anglais à son chien, je sais, il est anglais, mais ça fait bizarre quand même.

Dans cette rue tous les bistrots se ressemblent, sauf un qui a le comptoir plus bas, heureusement qu'il est là celui-là, sinon pour savoir où on est...

J'aime pas boire avec lui, il se laisse tomber sur son verre comme un busard !

La cuisine de nos ancêtres est morte et enterrée.

... de la merde au microscope, ils sont bien obligés pour les analyses.
– Tu me feras pas faire des études où on étudie la merde au microscope.
– Ça s'apprend pas.
– En plus c'est de l'impro ?

La gauche, on fait des assistés, assisté c'est bien mais pas trop quand même.

Chirac élu ça changera rien parce que Mitterrand il va continuer à téléphoner.

Dans un journal, ils disent que c'est Jospin qui a gagné et dans l'autre, que c'est Chirac qui a gagné.
– Ça, c'est des erreurs d'imprimerie, ils appuient sur un bouton, c'est l'autre qui sort.

Chirac, c'est sa volonté qui est forte, et sa femme aussi qui a dû lui monter le bourrichon.

Si tu donnes de l'argent aux gens à rien foutre, les gens foutent rien !
– Comme toi.
– Exactement, c'est pour ça que je me permets d'en parler.

Si y a pas des réformes alors là vous allez m'entendre !

... Voilà ce qu'il faut pas, c'est être borné.

J'ai eu deux enfants, aucun n'aime le poisson.
– Oh, vous savez, ça...
– C'est un peu la loi des séries.

Je serais président maintenant, tu sais ce que je ferais, c'est les vieux qui paieraient pour les pauvres, et pas les jeunes qui paieraient pour les vieux.

... après les résultats, on fera applaudir ma petite-fille, elle a quinze mois demain.

...Un président d'un club de pêche, pareil, ça s'élit, si ça remet pas du poisson, alors là, c'est l'heure des comptes.

Le niveau des mers peut pas monter, idem le niveau des montagnes.

... bon, on va rentrer, manger, ressortir, revenir...

Des promesses, des promesses, et après qu'ils sont élus ? Rien ! Y a que pendant la campagne qu'ils nous aiment bien ! Tiens ! Sept ans de campagne, six mois de pouvoir, au moins comme ça, pendant sept ans, on serait la mariée !

Le pouvoir rend fou, on le sait, même tenir une boulangerie qui marche, ça commence à changer l'homme.

C'est l'avantage
de la démocratie
de pouvoir voter
quand il fait beau.

Mangez des
pommes !
– Ta gueule.

Quand mon mari est
parti de la maladie, j'ai
pris un animal pour
pas être seule, mais
vous savez, un écureuil
ça ne remplace pas.

Je conduis que
pour aller boire
des coups, alors
m'enlever le
permis pour ça,
c'est pas logique
non plus...

Toute la nuit j'ai
rêvé que j'allais
voter à midi pile
pendant les
cloches, alors je
vais y aller à
midi, pour
respecter le rêve.

Il était beau, il était
sain, il était content, il
était assis à côté de
moi, il riait, il avait de
la merde dans l'oreille,
alors moi, ces mecs-là,
tu comprends...

Des taupes plein
le jardin, on dirait
La Grande Évasion.

Le vin, ça fait
parler, rien que
déjà, y a des mots
sur l'étiquette.

... de la poussière
partout derrière
les meubles, comme
une maison pleine
de réfugiés...

Il est dix-neuf heures
et deux minutes.
– Oui, on t'a rien
demandé.

Tu peux chier dans un étui à violon, tu refermes, tout le monde croit que tu transportes une mitraillette.

J'ai les yeux rouges sur la photo mais c'est à cause du flash qui fait toujours ça, je n'ai pas les yeux rouges dans la vie.

Les auteurs modernes font des livres tellement petits qu'on ne peut plus mettre des fleurs à sécher dedans.

Zola fait très bien sécher les fleurs.

À Pompéi, les hommes, les chiens, tout est en terre cuite.

C'est joli les chants des paras, ça gonfle les poumons.

Je lui avais dit avant le mariage, j'ai plein de défauts, plein, et vous allez m'aimer et il m'a dit, qu'elle est bête, et on a fait le mariage, on s'aime beaucoup... enfin, on s'aimait.
– Moi, j'aurais pas dit ça.
– Oui, mais lui...

C'est pas les mots, c'est la manière, il me dit, va te faire enculer vieux con, c'est pas les mots, il riait, c'est la manière, on ne rit pas.
– Comme pour les vampires, il mord, et après il rit.
– Oui, je ne sais pas, peut-être, il ne m'a pas mordu, ah non, mais il a ri.

Avec Chirac, ça va changer.
– Ha, vous trouvez ?
– C'est bien pour les jeunes.
– Ha, vous trouvez ?
– Ça fait longtemps qu'on n'a pas eu un président qui dort en slip.
– Qu'est-ce que vous en savez ? Vous travaillez à la mairie de Paris ?
– Je le sais.

T'as déjà fait de l'équitation ?
– Je suis déjà monté dessus.
– C'est pas pareil.
– Pour moi, si.
– Pour moi, non.
– T'étais dessus ou t'étais dedans ?

On va aller dans ce café.
– Ah non ! On va à l'autre !

Boire trop de vin est moins mauvais pour l'organisme que manger trop de sel.

... Un connard qui boit.
– Faut pas faire l'amalgame.

Tout le temps à poil chez lui, même devant les enfants, c'est la famille lézard chez lui !

L'oiseau qui fait «trilili boîte à outils», c'est le pinson.

... tous les hommes sont égaux avec des nez pas pareils...

Appuyez sur le volant !
Tournez sur les pédales !

On n'a pas trouvé d'escargots.
– Vous avez bien cherché ?
– Évidemment !
– Dans les trous, entre les cailloux ?
– Écoutez, on n'est pas dans une mine d'or d'Afrique du Sud, je sais encore chercher les escargots dans les jardins !

Je connais une recette, il faut fumer une cigarette avec l'artichaut.

Lisez La Nausée, *vous m'en direz des nouvelles.*

J'avais honte, mais honte, mais honte, mais honte, mais honte, mais honte, pendant tout le temps que le train passait, j'avais honte, mais honte, mais honte, mais honte, honte...
– Dites donc, il est long votre train.
– Il montrait ses fesses au passage à niveau, honte, honte, honte, et le train s'est éloigné, il a rangé les fesses, honte, honte...
– Honte.
– Oui.

... Une fois...
– Une fois quand ?
– Attendez ! Holà ! Attendez !

... Une fois, des fois, trois fois, après tout se mélange...

Je suis allé en Afrique,
partout ça sent le mazout.

Quand l'avion passe au-dessus d'un pays, les passagers doivent respecter les lois du pays d'en dessous.
– Pas du tout, ils ont les lois de l'avion.
– Les avions sont pas au-dessus des lois.
– Au contraire, ils ont les lois d'en dessous.
– Mais non, mais non, et au-dessus des mers ?
– C'est les lois maritimes.
– Les lois maritimes dans les avions ? Alors dans ce cas le capitaine coule avec son avion.

... de la salade, de la salade...
– Bof, les vaches mangent que de l'herbe et ça les fait pas maigrir.

... grosses comme des vaches !

J'ai trop de fatigue, trop de fatigue...

Elle boit pas pendant la vaisselle, sinon le reste du temps...

Tout ce qui est nécessaire n'est pas forcément utile, si on me demande une question, je dis ça, et j'ai pas mon bacho.

Dans la jungle, ta boussole, c'est ta bite, tu la sors, tu la ranges, tu la sors, tu la ranges.

Si ils suppriment les cafés, comment on va voter ?

Avec la cuisine aux fleurs, t'as de la pâquerette coincée entre les dents.

Ils ont mis la Garde républicaine à cheval derrière la voiture de Chirac parce que sinon elle va rouler dans le crottin.
– Un président qui a peur du crottin, c'est pas ça qu'il faut en ce moment.

Il a remonté les Champs-Élysées debout dans sa voiture comme nous le matin debout dans le métro, on descend à Franklin-Roosevelt.

C'est un jour de gloire pour lui, il est toute la journée à la télé.

Ils ont tous roulé à dix à l'heure à cause des motards devant...

Les plans de Venise sont classés cartes maritimes.

On est en démocratie apaisée, comme les poulpes qui s'enculent.

... Comment on se regarde avec ma fille, on fabrique des statues en plâtre...

Où ?
– Dans vos cheveux, un reflet.

Le grand collier de la Légion d'honneur, c'est pas pour mettre.

Chirac, il est grand, il pourra attraper les toiles d'araignées.

... Pour les femmes, les grandes boucles d'oreilles de la Légion d'honneur...

L'ennemi des capsules spatiales, c'est le plat en sauce.

J'aime pas qu'on me prenne en photo.
– C'est pas vous, c'est le café.
– Moi, le café, c'est pareil.
– C'est parce que c'est un vieux café.
– Le café, moi, c'est pareil on n'est pas des animaux sauvages.

En France, on n'aura jamais la révolution puisqu'on l'a déjà eue.

Le journal télé, faut tout lire sinon c'est pas la peine.

Même les écureuils de Walt Disney sont moins intelligents que mon chat.

Les critiques télé font vivre la télé alors que les critiques cinéma tuent le cinéma, finalement, les critiques télé sont moins cons que les critiques cinéma.

Une grosse grosse mouche bleue qui fait du bruit dans la cuisine et, elle, ça lui suffit, ça lui fait la conversation.

Ils se sont cachés dans un bureau et il lui a donné le secret de l'atome.
– C'est des métiers, quand même, pas normaux.

L'haleine vient pas de la bouche mais de l'estomac, et pour aller parfumer là-dedans, faut se lever de bonne heure...

À la chevrotine, tu tires dans la porte, tout de suite tu fais du pâté de porte.

Avec Ebola, en deux jours t'es mort, c'est un virus qui va vite comme un accident de voiture.

Le pouvoir du cristal, tu bois dedans.

Pour moi, le plus bel effet spécial, c'est le cinéma lui-même...

Qui ?
– Qui ? C'est pas une question.

Courir dans l'herbe, si tu demandes l'avis de l'herbe, t'y cours jamais.

Le vagabond, c'est du compagnonnage chez les SDF.

Plus t'es près de Paris et plus les baraques sont chères, plus tu t'éloignes moins c'est cher.
– Sauf jusqu'à New York, ça redevient cher.

... la vieillesse, ça passe par en dessous...

... mes pieds ne sont pas à moi.

Une bénédiction du pape, ça fait partir la vieille peinture.

Il y a des choses très laides qui sont belles...
– Comme les patates.
– ?
– La beauté, c'est subjectif.

Le cochon, on s'en sert pas pour rechercher les petits enfants perdus dans les avalanches, le cochon, c'est la truffe.

Au moins, avec Mitterrand, on avait Pasqua.

Les castors peuvent picoler, sous la fourrure on voit pas les petites veines.

Quatre bouteilles de cidre bouché sous le lit.
– C'est pas sa place.
– C'est ce que je vous explique.
– Bu ?
– Pas bu.
– Du cidre bouché pas bu sous un lit, c'est le monde de Walt Disney à l'envers.
– Je les ai mises au frais.
– C'est leur place.
– ...
– Sous notre lit, nous, on n'a rien.

Je n'ai rien contre la mer, mais des fois...

Mitterrand, c'est un niveau à bulle et Chirac c'est un mètre qui se déplie.

... Ça ne se compare pas, des gens et des outils ...

Le bruit de la mer, ça m'endort, je ne sais pas ce qu'il y a dans l'eau mais ça m'endort...

... pour conduire un bateau, c'est café sur café...

Quatrième que je renverse, c'est une malédiction !

Un mètre sur un mètre c'est la bonne taille pour un tableau, plus grand t'es obligé de rajouter de l'herbe et plus petit on voit pas tout.

... Une toile de maître, c'est un mètre.

Entre le paysage et le pinceau, y a le peintre, comme un barrage de gendarmerie.

... Jamais vous récupérerez votre argent.

Je paye la Sécurité sociale depuis quarante ans et je suis jamais tombé malade, jamais, alors si je dois tomber malade pour la somme qu'on me doit, je meurs en une minute !

... *à la pêche j'attire le poisson à cause de ma peau blanche, il paraît qu'on dirait de l'appât, je me mets assise à côté de mon mari, c'est tout ce que j'ai à faire, pas bouger pour faire l'appât.*

La promenade, si tu payes, ça devient un circuit, si t'es payé, ça devient un travail, il ne faut jamais faire entrer la notion d'argent dans la promenade sinon c'est à tes risques et périls.

... plus je me tais,
plus je suis libre...

Les bras ne sont jamais debout ou assis, les bras sont toujours pareils, alors que les jambes connaissent beaucoup de changements.

Paris, New York, Tokyo, c'est pas la même heure et pourtant c'est en même temps.

Bernard Tapie, il a les mêmes chaises en plastique que nous.

Dans les restaurants qui servent des insectes, les cafards qui courent sur les murs, en fait, c'est rien que des taches de sauce.

C'est pas la peine de passer un documentaire sur les insectes quand en face vous avez la coupe du monde de rugby, c'est dépenser de l'électricité pour rien.

Mandela, il a les cheveux blancs.
– Il a mis de l'eau dans son vin.

... dix fois il a mis son requiem et pendant ce temps-là, personne surveillait les saucisses.

Les guerres, ça finit toujours mal.

Dans une mouche, y a pas les deux blancs.

Un grand chanteur d'opéra, moi je paye pas la bouffe.

Plus il fait beau, plus son pastis est foncé, il nous fait l'apéro Varilux celui-là...

Bien en face, le poisson rouge peut faire peur.

... ils ont des champignons sur les cordes vocales, c'est ça qui garde l'humidité, et l'élasticité, de par le fait...

Madeleine, ça fait pas tellement prénom pour une église.

Ça dessoûle de conduire.

Les vétérinaires ne sont pas meilleurs cuisiniers que les autres.

C'est pas moi qui ai volé les fleurs, j'ai la tête haute, dans les petits bleds c'est comme ça, au café tout va bien et par-derrière ça te met, c'est pas moi qui ai été renvoyé des renseignements du téléphone comme d'autres à l'époque, j'ai la tête haute et des fleurs j'en ai devant ma porte, j'ai pas besoin des fleurs des autres, on a la tête haute moi et mes fleurs...!

L'alcoolisme, c'est dans la tête.

On ne frappe plus
à la porte depuis
longtemps.
– Depuis la sonnette.
– Depuis la sonnette,
je suis sûre que j'ai
pris du poids.
– On prend
l'ascenseur pour
aller sonner
maintenant.
– Autant que ce soit
l'autre qui descende
alors...
– Autant.

La marche à pied,
il faut que ça plaise,
sinon tout le monde
pense à ses pieds...

... Un revenant !

Il boit des vins plus vieux que lui, il était pas encore né que le vin était déjà là à attendre...

La baleine chie dans l'eau, si elle disparaît, ça va pas nous manquer...

On devrait pas avoir le droit de boire un vin plus vieux que soi, c'est trop facile sinon...

Les abeilles trouvent les fleurs par le bouche à oreille.

Dans les très vieilles bouteilles, le bouchon a tout oublié.

Chirac, il est sympa, il mange du lapin en gelée.

Toubon, il est mondain comme une merde de poule.

Sarajevo, t'enlèves les casques bleus, tu mets des nains de jardin, pareil.

Mes fleurs aiment pas le rebord de la fenêtre, je le vois bien, elles font presque pas de feuilles et quasiment pas de boutons, que de la racine, elles agrippent la terre dans le pot comme si elles avaient peur de tomber, c'est des fleurs de parterre, alors au sixième, forcément, elles pensent qu'à pas glisser...

David faisait pas de crayonné, directement au pinceau.

Le grand peintre, normalement, quand il est dans son atelier, tu le vois pas, il est comme un insecte dans le feuillage.

Vinci, lui, c'était tout le temps au crayon.

... il est tellement grand qu'on pourrait lui faire des cabanes sous les bras...

On fait un plat du jour !
– Pour les gens qui passent, il faudrait faire plusieurs plats.
– Un plat du jour.
– Du choix.
– Un plat du jour, l'andouillette, et c'est tout.
– Plusieurs choses.
– Un plat du jour ! Je suis pas président de la République.

Le latin, ça parlait que de médicaments.

Tout ce qui touche à la Création, c'est le Vatican qui prend les droits d'auteur.

Le seul avantage du chômage, c'est qu'on travaille pas.

Chirac roule tout le temps la fenêtre ouverte parce qu'il est malade en voiture.
– Dans ce cas-là, on fait pas président.

L'empereur est mieux payé que le roi, sinon pour le reste...

Il tient son bistrot comme Wagner tellement il gueule tout le temps.

... il est mort, il monte au ciel, il redescend, il en a fait des trucs Jésus pour qu'on ait des vacances.

Il regarde l'alcoolisme avec des yeux d'enfant.

Moi mon gosse me regarde comme ça.

C'est triste, la purée qui refroidit.

Les Noces de Figaro, c'est le truc où ça chante tout le temps ? Très peu pour moi.

Vos gueules les oiseaux !

Avant, c'était mieux ?
– Avant, c'était pareil.
– Avant ? Pareil ! On voit bien que vous êtes pas d'avant.

De la pluie,
du beau temps,
de la pluie,
du beau temps,
toute ma
jeunesse à
la campagne
ç'a été ça.

Une bataille de corbeaux en plein ciel au-dessus de chez moi, je ne sais pas ce qui se passait dans le ciel mais c'était la guerre chez les corbeaux, ça criait, ça volait comme des avions qu'on égorge...

Le calva, c'est des plantes.
– Non, c'est des fruits.
– Le pommier, c'est une plante.
– Non, c'est un arbre.
– Alors, le calva, c'est un arbre.

Le cheval a pas de frein qui se voit.

On se transforme en électricité et on voyage dans les fils, un jour on voyagera comme ça, évidemment, si quelqu'un débranche même sans le faire exprès le voyage est fini, on reste coincé dans le fil mais remarque c'est pas pire que le train arrêté en pleine campagne pendant deux heures.

Il est de mauvaise humeur le facteur.
– C'est la grand-mère qui l'énerve.
– Haaaaa, c'est ça...

Elle parle comme un livre, pour l'écouter celle-là, faut mettre des lunettes !

J'ai dix à chaque oreille.
– Dix, c'est pour les yeux.
– Si vous voulez... alors j'ai un œil à chaque oreille.

... il avait perdu la clef de la grille, il est passé par-dessus le mur et il est tombé dans le jardin avec son casque de Mobylette sur la tête mais comme il s'est trompé de mur il est tombé dans le jardin des voisins, ça fait vraiment comme une météorite qui tombe sur ta pelouse, lui, quand il rentre après la nuit.
– Je vous trouve bien indulgent.

À la fraise.
– À la vanille.
– Vous êtes sûre ?
– Certaine.
– À la vanille ?
– À la vanille.
– Des fois, les souvenirs, ça mélange tout.
– Fraise, vanille, c'est que le goût du souvenir qui change, mais tout ça c'est de la glace.

La solitude, c'est bien tout seul, mais avec quelqu'un...
– On s'ennuie.
– Un peu.

C'est pour les pucerons des rosiers qu'il nous faudrait un Pasqua !

Le champion du monde d'escalade c'est le rosier grimpant.
– Le mien il est nul, j'y mets du fil de fer.

Les otages de l'ONU, c'est qu'une monnaie d'échange, ça vaut même pas des billets.

C'est pas avec des parlotes qu'on va faire baisser le chômage, moi j'vous l'dis !

Une ruse militaire que j'ai apprise à l'armée, c'est de ne pas faire de bruit dans les fourrés, et ça marche.

À l'école, j'ai rien appris et ça me sert encore.

Le héron vit tout seul, c'est pour ça qu'il est beau.

Il est Palme d'Or du Jambon Supérieur Maison, c'est un peu autre chose que leur connerie de festival de Cannes !

On reconnaît plus les gens à l'odeur qu'à la vue, on croit qu'on les reconnaît en les voyant mais non, c'est le nez qui travaille, on a fait des expériences là-dessus dans les laboratoires.
– Ah là évidemment c'est normal, dans les laboratoires tout le monde sent l'éther.

Il a la même vue que des bouteilles d'éther, dès qu'il enlève ses lunettes il a les yeux qui s'évaporent.

Il faut avoir un but dans la vie, si t'en as pas, tu sais pas où envoyer ton ballon.

J'ai pas fermé l'œil, toute la nuit j'ai vu danser mon bouchon.
– Ça fait ça le premier jour de pêche.

Tous les petits ont des prédateurs, à commencer par l'homme avec ses parents.

Quand on perd ses cheveux, on est tellement malheureux qu'on serait prêt à accepter la mauvaise herbe.

Un cadre au chômage est devenu un ouvrier, quasiment.

À cent vingt kilomètres de Paris, j'ai déjà une grenouille.
– La vie revient vite.

... t'envoies du boudin en Bosnie, ils en refont du sang...

On a traversé un pré où il y avait des vaches, eh bien, je préfère encore traverser la cité, on peut leur parler aux jeunes, mais aux vaches...

C'est Juppé ça ?
– Oui, c'est quand il a été jeune.
– Il a été jeune celui-là ?
– Hé ! t'as qu'à faire revenir la télé en arrière, tu verras.

Ne fais pas à autrui ce que tu n'aimerais pas qu'on te fasse.
– Torcher un vieux.

T'as été chômeur ? Non, alors viens pas parler chômage à un chômeur qui s'y connaît plus que toi en chômage, petit gars !

Ils lâchent les taureaux dans les rues, alors après, pour trouver un taxi.

Pourquoi vous êtes énervée comme ça ?
– C'est mon nerf.
– Tant qu'on n'en a qu'un...
– Mais non, c'est pas ce que je veux dire, c'est ma jambe.
– C'est votre nerf ou c'est votre jambe ?
– Les deux.
– Un nerf dans la jambe, je comprends que ça énerve.

Tous les jours il part au travail et jamais on le voit au boulot, c'est le mystère là...
– Il doit tomber dans le triangle des bistrots.

Après la traversée du désert, il ne faut pas boire tout de suite, il faut se mouiller sous les bras juste pour se réhumecter tout doucement.
– Comme les champignons chinois... mais si, les champignons chinois.

Certificat d'études, ça parle d'études, baccalauréat, ça parle de lauréat, lauréat de quoi, alors on se demande !

Il siffle comme un virtuose et il louche aussi très bien.
– Pourquoi tu nous l'amènes pas ?
– Tu sais, celui-là, pour le faire sortir de son quartier.

Quart de finale, demi-finale, finale, ça fait trois douches.

Il siffle dans la rue piétonnière et il demande de l'argent.
– Vous donnez vous ?
– Ah, il siffle bien.
– Vous donnez vous ?
– Comme un oiseau.
– Vous donnez comme un oiseau, ça ne m'étonne pas.
– Il siffle bien, comme un oiseau.
– Moi je donne pas aux oiseaux.
– Moi je donne du pain.
– Et à lui, vous donnez ?
– Une pièce de temps en temps...
– Vous feriez mieux de lui donner du pain à lui aussi et garder vos sous pour les choses importantes.
– Je l'aime bien.
– C'est ça, engraissez-le, un jour, il viendra chier sur vos fenêtres.

Six sur dix madame Tauchaud !

Les brèves de comptoir, c'est formidable, j'habite en face.

Quand je regarde dans le miroir je vois un vieux, ça y est, je vois un vieux.
– Mais non, mais non...
– Dites que je suis aveugle pendant que vous y êtes !

Plus tu cotises à la retraite, plus tu vieillis, c'est une saloperie ce truc-là !

En bois, c'est le maximum que je supporte chez une porte.

En prison, t'as le temps,
mais t'as que ça.

Dehors, t'as pas le temps,
mais t'as tout le reste.

Si on me fout en prison, je m'en fous, je chierai sur un journal et je mangerai des graines.
– Qu'il est con.
– Sinon tu deviens fou.
– T'es pas net comme mec.
– Vingt ans en prison, je bouffe des petits vers, si si !
– Elles vont être belles les prisons avec des mecs comme toi.

L'idée noire, je bois, elle est grise, je bois, elle est jaune, je bois encore, elle est grise, encore, elle est noire, ça fait le tour du cadran, si vous préférez...

Quand vous voyez le gourou japonais, y a des coups de pied aux fesses qui se perdent !

Les paras commandos mangent du serpent, les autres ont une sorte de cantine mobile.

... tu parles, c'est des pilotes entraînés pour la survie tout seuls, ils mangent les yeux des lapins.
– Six jours planqués.
– Ils sont entraînés pour ça dans des stages commandos, ils mangent les yeux des lapins.
– En Guyane, y a les bérets verts.
– Ils prennent les lapins sur la base de Kourou.
– En Guyane.
– Je sais.
– Le F16, c'est de la merde, ça s'abat comme un rien, ça vole à deux à l'heure.

La réincarnation, la réincarnation, et si moi je veux pas être réincarné.
– Tu peux refuser.
– Si ça m'intéresse pas.
– Tu refuses.
– Quand ?
– ...
– Quand ?
– Tu te réincarnes et après tu vois.
– Tu parles d'une connerie, ça encore !

Au tennis, je vois pas la balle alors je regarde les joueurs mais regarder des gens longtemps comme ça vous savez, moi, ça me passionne pas tellement.

Bernard Loiseau n'épluche pas personnellement les pommes de terre, il délègue, normal, qui ne délègue pas, qui, ho ! tu m'écoutes, qui, qui, ho ! qui ?

... qui, qui, ho ! qui, va te faire enculer toi d'abord aussi, ho ! Y nous parle de cuisine comme à des trous du cul !

Le courrier, c'est malpoli, si ils veulent se parler, ils ont qu'à se parler, non ?

Baudelaire,
tout Baudelaire
qu'il était, il avait
sa bagnole.

Je me suiciderai
une seconde avant
ma mort, pour
faire chier l'autre !

Le suicide je m'en fous,
c'est tuer quelqu'un
qui m'intéresse, c'est pas
pareil du tout, du tout.

Napoléon, qu'il aille
se faire enculer avant
de faire sa morale.
– ?

Le cul poilu,
c'est un non-sens.

*L'Indonésie, c'est
bien, mais prends
pas le car.*

Chaque fois
pareil, il monte
sur le toit, il pisse.
– C'est la sangria.

*L'eau de
toilette pour
homme, ça
a bon goût.*

Au bistrot,
je préfère
les rugbymen,
mais à la télé
je préfère
le tennis.

*Rien qu'avec l'eau des
chasses d'eau de Paris tu peux
irriguer toute l'Afrique.
– Encore faut-y qu'ils soient
d'accord.*

Il dessine des objets.
– Adjani ?
– Mais non, il a même fait des nouilles une fois, il est gros.
– Adjani ?
– De quoi il me parle d'Adjani, lui ! Elle dessine pas des nouilles en plus.

N'importe comment, au final, tout le monde parlera anglais et moi je m'en fous dans ce cas je me tais... si... je me tais... si tu veux entendre de l'anglais c'est pas la bonne adresse, tu changes de crémerie, yes, no, c'est en face.

Tu parles qu'avec des connards et après tu te plains.
– Je me suis pas plaint.

... Ça laisse aucun mec indifférent... même Mitterrand, tu le traites plein de fois de pédé, ça finit par l'énerver.

Il s'est fait péter ses lunettes.
– Putain, moi je serais ses lunettes, je démissionne.

Les langues étrangères, le jour où y en aura qu'une, on sera tous français, ou alors on s'est fait baiser.

Faut que je rentre, j'ai un castor qui ronge mes fils.

Une fois j'ai avalé un moustique en faisant du vélo, ça m'a suffi.
– Moi du vélo j'en fais jamais, je suis pas insectivore, moi.

… C'est la picole qui fait ça, il a le même nez que les rouges-gorges.

Il lui met une claque alors que c'est un souffleur de verre, t'es con ou quoi ?

Vous trouvez la campagne risible, vous ?

Tous les soirs, il faut rentrer les vaches.
– Moi tous les soirs, je rentre ma terrasse, c'est jamais fini, j'ai autant de travail qu'un paysan, je trais pas les tables, mais pour le reste...

C'est un feuilleton avec un juge d'instruction, le juge y dit, la séance est levée, la vieille elle se lève, elle éteint la télé.
– Souvent, les vieux regardent la télé comme si c'était quelqu'un en vrai.
– Eh ben putain...

Tout le village s'est cotisé et on a acheté une télévision au curé.
– Il croit en la télé votre curé ?
– ?

Le champion du monde du cent mètres, à cent dix mètres, plus personne le connaît.

La pharmacienne est jolie, ça m'est plus facile d'acheter les capotes que les suppositoires, je vois le mot suppositoire dans son œil.

… t'es presque déjà rentré chez toi quand tu as les mains dans les poches.

Au Burundi, y a plus d'insectes que d'hommes, et du coup, c'est les insectes qui tiennent les banques.

Plus d'insectes que d'hommes, c'est l'homme qui gueule, le contraire, c'est l'insecte qui se plaint.

La dissuasion nucléaire, c'est dans le métro qu'il en faudrait !

Y a plein de top models qui se montrent parce que les champions de tennis, c'est des grands épouseurs de connasses.

Au tennis, la balle, le nombre de coups de poing dans la gueule qu'elle se prend !

Moi ce que j'aime pas c'est les guerres où y a pas de morts.
– C'est larvé.
– Oui, le conflit larvé.
– C'est l'orage.
– Oui, c'est l'orage.
– Vingt millimètres d'eau en dix minutes sur Pézenas, les anciens ruisseaux se reforment.
– Les tomates elles morflent là.
– C'est même pas ça, la tige se gonfle d'eau et elle casse toute seule.
– ...
– ...
– ...
– ...
– On parlait de quoi ?
– Qui ?
– Nous.
– Quand ?
– Au début.
– De ?
– Deux demis, André.

... il s'ennuie, il
tourne en rond
comme Copernic.

Le compas, l'équerre,
le rapporteur, c'est
l'entrée, plat, dessert
chez les mathématiques.

*La Terre vieillit,
tout ce qui est de la
géographie devient de
l'histoire, forcément.*

Le riche a pas
d'origine sociale,
il a de l'hérédité.

*Chez les pauvres,
une belle armoire
vaut armoiries.*

Tu peux traîner mon
nom dans la boue,
je m'en fous, je
m'appelle Charue.

*J'ai jamais travaillé,
où j'en suis je me dis
maintenant, c'est
ma carrière.*

*... je suis ruiné...
un Jet !*

... Incisive, canine,
prémolaire, molaire
et la cigarette, ça
fait cinq sortes de
dents.

*... exemple,
«cracher dans la
soupe», c'est une
expression qui a
bien tenu le coup
face à la disparition
de la soupe et
l'invasion des mots
anglais.
– C'est parce que
c'est une expression
parfaite.*

C'est une pute,
elle poivre les bites.
– Menteur.

L'enfant de parents non mariés ne trouvera jamais un vieux paquet de dragées dans l'armoire quand ses parents sont pas là, quand il sera en âge de fouiller.
– Ça, c'est du détail.
– Oui, c'est vrai, mais la famille, c'est rien que du détail qui s'accumule...
– Comme la poussière.
– Ça, c'est vous qui le dites.

Pour la tribu, y a pas l'allocation tribu, alors pourquoi pour la famille y a l'allocation familiale ?

Je suis née entre deux jours, c'est pour ça que je n'ai pas d'horoscope.

Ivre, oui, bourré, non.

Les parents non mariés font des enfants aussi normaux que les parents mariés, même plus.

Tananarive, un nom comme ça, c'est un coup à déménager.

On boit grâce à vous, mais vous mangez grâce à nous.

La famille Picasso, elle fait quoi maintenant, elle chie du parfum en attendant que ça passe...

Le jour où on comprendra le cerveau, moi, je serai plus là.

Le cancer du chômage, c'est pas tellement agréable d'entendre ça pour moi qui suis au chômage et jamais malade.
– C'est une expression.
– J'ai pas le cancer.
– C'est une façon.
– Je suis pas cancéreux.
– C'est pour expliquer.
– À mon âge, je soulève encore des poutres.
– Laisse dire, tu t'en fous.
– J'ai pas des miasmes.
– Écoute pas.
– Le cancer du chômage.
– C'est une façon pour dire.
– Le chômage, c'est bien assez pour qu'en plus on nous colle le cancer.
– La grippe du chômage.
– La grippe ? Même en hiver, je suis habillé pareil.
– Bref...
– Quand il y a cinq millions de gens au ski, on dit pas le cancer du ski, on dit, les sports d'hiver.
– On va pas dire les sports d'hiver du chômage pour te faire plaisir !
– Non... quoique... j'y serais bien allé.

Autour des prisons, y a pas d'air.

C'est une information régionale à lui tout seul tellement il sort jamais.

Une année dans l'espace, le gars est bien payé et en plus il ne dépense rien.

Kassovitz de *La Haine*, il était à « Surprise sur prise »...
– Quand ça marche au cinéma, après le succès va vite.

J'ai dû toucher une chenille avec du poil, j'ai le doigt qui a triplé.

Si Jésus revient, ça va être conférence de presse sur conférence de presse.

Pour le vaudou, ils tuent une vache, nous pour à Pâques, on tue mille automobilistes.

Nous, à la maison, on a une Sainte Vierge qui s'allume, on appuie sur le bouton, elle s'allume.
– Une vraie Sainte Vierge s'allume toute seule.

C'est une statue de la Madone, je sais plus son nom, en Italie, une fois par an elle pleure du sang, c'est vrai.
– Avec ce qui se passe dans le monde, une fois par an c'est pas beaucoup.

Une Madone qui pleure du sang, elle rit quoi ?

Il a les doigts blancs transparents bien ronds qui imitent à la perfection la couleur du verre vide mais son verre est toujours plein, il est démerdard comme une mante religieuse pour se faire payer un coup.
– J'aime pas les mecs qui picolent comme des insectes.

Gainsbourg, deux ans avant sa mort, il était déjà mort, et deux ans après sa mort, il est encore vivant.
– Vous m'en direz tant !

J'ai dix à un œil, cinq à l'autre, quand je lis, je boite.

Dans toute l'Espagne, ils ont dû interdire le flamenco dans les étages.
– Dans toute l'Espagne ?
– Dans les villes.
– Ah oui parce qu'il n'y a pas des étages dans toute l'Espagne, c'est même une architecture plate.
– Plate ?
– Horizontale.
– Avec des terrasses.
– En haut.
– Barcelone, c'est trente fois comme Paris, en nombre de gens qui font du flamenco, d'où interdiction.
– C'est pas dommage.

Il met les patins sur la moquette, non mais tu vois le con que c'est, tu le vois ?

Les guerres sont utiles, pas pour nous qui préférons discuter, mais pour les autres.

Sur le coup, la bombe atomique aura fait beaucoup de mal à Hiroshima mais, plus tard, elle aura fait beaucoup de bien à son tourisme.

Sans la bombe atomique, Hiroshima, c'est Vesoul, tu y passes par hasard mais tu y vas pas exprès.

J'aurais le troisième œil, j'aurais encore mon permis.

Il a le troisième œil.
– C'est pas une raison pour être malpoli.

Les paroles des chansons, franchement, hein, franchement, moi je serais eux, j'en mettrais pas, franchement, la musique ça suffit, non, les paroles et la musique, c'est le pléonasme, franchement, à quoi bon, sinon pour le fric ? La musique c'est l'invention, les paroles c'est de la tchatche, c'est tout, on s'en fout, dans la musique classique, si tu crois que t'as de la tchatche...

Toutes les paroles ne sont pas bonnes à parler.

Les paroles, c'est pour parler.
– C'est ça.

Étudier les planètes, c'est le bordel, ça bouge tout le temps, autant étudier les bagnoles !

La musique, c'est du bruit dans l'ordre, DO RÉ MI FA SOL, t'as le quinté dans l'ordre.
– Et LA SI DO, y court pas LASIDO ?

T'as pas plus interactif que le coup de poing dans la gueule.

Le discobole, il a un slip en pierre, mais sur la statue, il l'a pas mis... t'as vu le temps en Grèce...

Je m'en branle des os des dinosaures, je suis pas un chien !

Les diplômes, il en faut, mais d'un autre côté, si tu sais pas remplir tes papiers de la Sécurité sociale, tu peux remballer.

Je pourrais pas détourner un avion, j'ai peur en avion.

Il ne prend même pas la peine de mettre son assiette dans l'évier...
– Et le lycée ?
– Ça prend une minute, il ne le fait pas.
– Et la classe ?
– Il rentre, il mange, il ressort.
– Il est en quelle classe ?
– Deux pas à faire.
– C'est quel lycée où il va ?
– Dans l'évier.

Avec le parachutisme ascensionnel, tu sais jamais à quelle heure tu rentres.

Les immenses châteaux comme ça, ils vivaient tous dans une pièce, c'est pas chauffable, les autres pièces servaient pas.
– C'est bien la peine de construire pour pas servir, on dirait la mairie de Paris.

Les pères meurent de faim, alors les enfants reprennent le flambeau et meurent de faim, la faim dans le monde, c'est presque une tradition.

Si tous ceux qui meurent de faim étaient vraiment morts, il n'y aurait plus de famine dans le monde.
– Il y en a qui ne meurent pas.
– C'est ce que j'explique.

Je m'intéresse
qu'à l'imaginaire,
le reste, je le sais.

*La radio, je
regarde ailleurs
et la télé, je
n'écoute pas.*

Faut avoir que
dalle dans les
bras pour avoir
l'idée d'inventer
le coupe-
papier !

La parade
amoureuse, on
picore, mais pour
la danse nuptiale
on mange
beaucoup.
– T'es marié toi ?
– Oui, c'est pour
ça que je dis ça,
je connais.

Les Indiens
mangeaient du bison,
un peu de poisson,
alors elles viennent
d'où les plumes ?

C'est l'écriture qui donne
envie d'écrire, pas la vie,
la vie, elle donne envie de
rien foutre.

Allez... à plus...
– C'est ça oui..
à plus...

*Plus c'est petit, moins
ça se voit, sauf le nain,
plus le nain est petit
et plus on le voit.*

Le jour se lève, je
me couche, le jour
se couche, je me lève,
le jour travaille pas
de nuit, je travaille
pas de jour...

... On se croise...

... On se parle pas...

Pour trouver un emploi, faut de la patience.
– La patience, la patience, la patience, je suis pas un carré de sucre !

Le stylo Bic, c'est le nom du baron Bich, comme Eugène Poubelle.
– Poubelle, c'est pas un stylo.
– Non.
– T'as dit « comme », quand on dit « comme », c'est pareil.
– Pfu...
– Ah si ! Ou alors, parle une autre langue.

Je m'ennuie tout le temps, mais je me plains pas, je pourrais seulement me faire chier.

Ils ont très bien restauré « le Jugement dernier ».
– Vous savez, moi, les palais de justice... moins j'y vais, mieux je me porte.

J'aimerais bien opérer le corps humain mais pas ranger les outils après et pas la vaisselle.
– Ils ont quelqu'un.

Le journaliste que je préfère, c'est celui qui roule en Solex.

Cioran est mort.
– Cioran ? Celui qui avait tout le temps mal partout ?

Le morpion va pas sur les arbres.

Dans le Midi, on boit pas l'apéritif sous les platanes, c'est les platanes qui poussent sur l'apéritif.

Il faut sortir
de Polytechnique
pour savoir
qu'il y a un café
en face.

Je suis toujours au café en face de l'École polytechnique.
– Ha, c'est bien...
– Enfin, l'ancienne École polytechnique...
– Ha, c'est bien quand même...

Pour comprendre la facture d'eau, faut faire Polytechnique !
– Combien vous en usez de litres ?
– C'est même pas marqué en litres !

Toute la mémoire génétique de l'œuf se trouve dans le jaune, le blanc c'est un manteau pour tenir chaud, la coquille c'est rien, c'est qu'un chapeau.

J'en sais beaucoup plus en lisant *Télé 7 jours* qu'en regardant la télé.

Entre les couilles de l'homme le plus beau du monde et les couilles de l'homme le plus laid, t'as pas des kilomètres de différence, ça rabat le caquet, les couilles.

Ses légumes, tous pourris !
– Elle a pas de clients.
– Raison de plus pour pas exposer des légumes pourris quand y a personne dans le magasin... non mais...

La crotte de nez ne fait pas un bon engrais.

Vous savez combien vous avez de cheveux, vous ? Non ! Ça vous empêche pas de vous coiffer ! Le nombre d'habitants sur la Terre, faudrait pas que ça vous empêche d'y penser !

Chaque fois que je vote pour un gars, c'est l'autre qui gagne, et au Loto c'est pareil.

Et toc !

Prends ça dans les dents !

Depuis quinze ans, plus on vote et moins y a de boulot, on dirait que le boulot se barre dans l'urne comme l'eau par le trou du lavabo, ah si, c'est à croire ça...

Il aime pas les cons.
– Personne les aime.

La première chose à faire pour jouer du piano, c'est soulever le couvercle.

Quand on habite Rueil, on parle pas de la Bosnie !
– ?

Un orchestre de cent violons, c'est toute la SPA qui y passe en boyaux de chats.

La musique, ça peut faire pleurer si c'est bien joué.
– Jamais j'ai entendu de la musique bien jouée, jamais !

Faut que j'aille faire des photos.
– Maintenant ?
– Pour mes papiers.
– Maintenant ? T'as vu ta gueule !
– Je m'en fous, c'est des photos.
– Ça peut pas attendre demain ?
– Faut que j'aille faire des photos !
– T'as vu ta gueule ?
– Je m'en fous, c'est pour des photos.
– Des photos de toi.
– Des photos d'identité pour les papiers.
– Des photos de toi.
– Des photos d'identité.
– Dans l'état que t'es, tu ferais mieux de mettre la photo de ton cul.
– C'est interdit.
– ?
– ...
– Je blague.
– Sinon je le fais.
– Je blague.
– Je le fais !
– Je blague.
– Faut que j'aille faire des photos de mon cul pour les papiers d'identité.
– Faut pas blaguer avec toi...
– Pour mes papiers...
– Maintenant ? T'as vu ton cul ?
– Tu te fous de ma gueule !
– Non, mais tu les feras demain tes photos.
– NOOOOOOOOON ! Tout de suite !
– Tu veux faire des photos d'identité, tu sais même plus comment tu t'appelles.
– Justement !

J'ai perdu toute ma matinée aux objets trouvés !

Dans le Maghrébin, y a à boire et à manger...

Internet, ils livrent le lait ?

Donnez-moi un point d'appui et je soulève le monde.
– Donnez-moi un point d'appui et je me lève le matin.
– ...

Les Suisses sont très propres, et ce n'est pas moi qui le dis, ce sont les scientifiques.

Si je mets pas d'engrais dans mes rosiers ils se laissent mourir, ils sont tout blancs comme si je supprime le RMI.

Le plus gros cul c'est pas le vacancier, c'est l'estivant.

Même la nature est assistée de nos jours.

Tu me feras penser Dédé, je te ferai un beau cadeau pour la fête des pères, pas ce samedi mais l'autre samedi, tu m'as bien aidé, il m'a bien aidé pour mon déménagement, Dédé il est sérieux, hein mon Dédé, il m'a tout bien rangé dans les cartons, tu sais, c'est pas n'importe qui que je laisse entrer chez moi, j'ai confiance, y en a d'autres qui y foutront jamais les pieds, c'est pour ça que je t'envoie à la banque, c'est bien que j'ai confiance, tu m'y feras penser que j'oublie pas, je vais le marquer sur le cahier... Dédé, une bouteille de rhum Negrita, si si, un déménagement ça se paye...

Dans les petits villages de montagne, les gens sont grands pour aller chercher la lumière.

Le cheval de course qui gagne l'Arc-de-triomphe, on lui donne un croûton de pain ou une carotte, tu parles d'un vol !

Le rosier, ce qu'il aime, c'est le crottin de cheval.
– On dirait pas.

En Corse, ils font voter les morts.
– Un mort, c'est réac.

Dans le mot connerie, y a le mot con, connerie c'est un mot genre fruit à noyau.

Ça serait culotté que Mitterrand se présente aux municipales.

Les soirées inoubliables, je me fais toujours chier.

Je me souviens des petites choses mais tout ce qui est inoubliable je ne m'en souviens plus, j'ai la mémoire, c'est du gravier.

Regarde-le ce con qui téléphone dans la rue, regarde-le, alors c'est ça la mode maintenant, téléphoner dans la rue, entre les bagnoles, c'est là qu'on fait chier les chiens, avant fallait aller à la cabine publique, après le téléphone c'était à la maison sur le buffet, maintenant c'est à la main dans la rue, bientôt ils vont se le faire greffer sur la gueule leur téléphone ces cons-là, à la place des joues, comme ça pour se faire la bise faudra se téléphoner... c'est ce qu'ils font d'ailleurs...

C'est pour tous ces cons qui téléphonent qu'on envoie des satellites.
– Tu téléphones jamais toi peut-être ?
– Jamais, je veux pas être responsable des satellites.

BLING, c'est pas un bruit, c'est considéré comme une connerie que quelqu'un a faite dans la cuisine.

Tu rebois ?
– J'ai jamais arrêté.
– ?
– ?
– Je confonds.
– Sans doute, moi j'ai jamais arrêté.
– ?
– Je te mentirais pas là-dessus.
– Je sais... ça me reviendra...
– ... pendant la nuit, ça revient.

Philippe Gildas, c'est un peu le Jean Amadou de Canal +...

Il connaît plein de choses mais on comprend rien à ce qu'il dit, c'est un dictionnaire à l'envers.

Pour maigrir, il faut manger des légumes mais pas des patates, les patates c'est pas des légumes, c'est des nouilles.

Il en faut des essais nucléaires, sinon comment veux-tu essayer ?

L'ascenseur marche jamais.
– Dans les vieux immeubles, l'ascenseur, c'est le talon d'Achille.

Je suis né un 15 juin, en plus c'est vrai.

Cinq doigts, cinq sens, cinq continents...
– ...
– Si tu crois que c'est du hasard...
– C'est comme ça.
– Cinq doigts, cinq sens, cinq continents.
– ...
– Si tu crois que c'est du hasard.
– C'est comme ça.
– Si tu crois que c'est du hasard.
– C'est comme ça.
– Un doigt, un sens, un continent, ça correspond comme ça.
– C'est comme ça.
– Si tu crois que c'est du hasard.
– Mais je crois rien ! Je m'en fous ! Tu fais chier à la fin !
– Ah là là, voilà, ça y est, Monsieur se prend pour Navarro !
– ?
– ...
– Qu'est-ce que vous lui avez servi ?

Vous ne surveillez jamais votre riz qui cuit ?
– Ah non...
– Ça vaut mieux que la politique.

Ses meubles à Tapie, tu les fous dans ta caravane, illico t'as plus de place pour rien.

J'aime pas les montres où y a pas d'aiguilles.
– C'est vieux les aiguilles.
– Moi j'aime bien les aiguilles.
– Là c'est affiché, vous avez l'heure marquée.
– Oui, je connais mais j'aime pas.
– On lit tout de suite l'heure.
– Moi j'aime bien les aiguilles, la grande, la moyenne, la rapide.
– Vous aimez chercher l'heure dans une botte de foin, vous.

L'heure au soleil,
y a pas d'aiguilles.
– Sauf si vous
regardez le soleil
à travers un sapin.

*Il y a un mot que
je ne dis jamais.
– Vas-y, dis-le.
– Ah non !*

... réponse à tout...

J'aime bien les
pharmaciennes, j'ai
le cœur à gauche
mais la bite à droite.

Pour moi, le caniche,
c'est pas un chien,
c'est un champignon.

*Tu es propriétaire
de ton corps mais
avec le sida, tu
passes locataire.*

J'ai mon poisson qui fait
un trait blanc avec son cul
comme les avions dans le ciel.
– C'est normal, c'est
la crotte qui est comme ça.

Vous sortez
dehors sous
le soleil avec
ce soleil ?
– J'ai mon
chapeau.
– Et le cancer ?
– Du chapeau ?

*Je sais pas si la télévision
est une fenêtre sur le
monde, mais toutes les
émissions que je regarde,
les volets sont fermés en
tous les cas.*

*Avec l'homme
bionique, c'est la fin
des contredanses.*

C'est la grève
à la télé, y a rien.
– Ha bon, vous êtes
sûre ? Parce que
moi, j'ai regardé.

… C'est un petit singe, elle grimpe partout, elle va partout, c'est une petite fille très vivante…
– On sent que vous l'aimez.

Il a une ruche dans son jardin, ses abeilles viennent manger mes fleurs, croyez-vous qu'il m'offrirait un pot de miel de temps en temps ? Croyez-vous ? Non… un jour moi ses abeilles, je les encule.

La journée des pédés, fais-moi marrer, je me branle trois fois par jour et y a pas une journée pour ça !

… On protège la famille, mais on est de l'UAP oui ou non ?

Le Concorde a toujours pas le droit d'atterrir à San Francisco, d'accord, et il atterrit pas à Coulours non plus.

Quand je serai mort, je veux plus qu'on me parle.
– Vous rebuvez quelque chose ?

On est habitué aux bruits de bottes mais attention, faut faire attention, parce que le Front national, ils mettent des chaussons.

En Bavière, les gros cons que c'est encore pire que nous.

C'est toujours la femme qui achète les sous-vêtements pour son mari.
– Moi c'est ma mère qui me les achète.
– Elle doit vous prendre les mêmes que ceux de votre père.
– Je sais pas, ils me vont.
– Vous avez la même taille que votre père.
– Ha bon peut-être...
– Mais si ! Sinon les sous-vêtements de votre père ne vous vont pas.
– Ce sont les miens.
– Et si ça se trouve, votre fils les met.
– Ça m'étonnerait !
– Demandez à votre femme.
– Jamais mon fils mettra mes slips !
– Pas eux, mais la même taille.
– On n'est pas des Vikings.
– La même taille.
– Mon père, mon fils, moi, on aurait tous la même taille ?
– En slip.
– En sous-vêtements ?
– Oui, pardon, en sous-vêtements.
– Non.
– Tout le monde, à un moment donné de sa vie, passe par la même taille de slip.
– Sous-vêtements.
– Oui pardon, sous-vêtements... à un moment donné de leur vie, toutes les femmes achètent la même taille de slip.
– Alors là, excusez-moi de vous dire, mais c'est non.
– Comment vous pouvez savoir ça vous, c'est votre mère qui les achète.
– Qu'est-ce que vous en savez ?
– C'est vous qui l'avez dit.
– J'ai dit ça, ça m'étonnerait.
– Y a pas une minute.
– J'ai pas dit ça.
– Si.
– Non.
– La prochaine fois, j'enregistrerai avec un magnéto.
– C'est ça, enregistrez avec un zinzin.
– Je sais ce que j'entends.
– Je sais ce que je dis, en plus c'est pas mon père, c'est mon beau-père.
– Votre maman s'est remariée ?
– Avec mon beau-père.
– Elle choisit les slips de votre beau-père.
– Les sous-vêtements.
– C'est pareil.
– Non, les sous-vêtements, ça comprend le haut, le slip c'est le bas.
– Vous avez la même taille de slip que votre beau-père.
– Ça n'est pas vraiment la famille.
– Tout le monde un jour a la même taille de slip, père ou beau-père.
– Les Vikings, toute la famille buvait dans le casque.
– Oui, peut-être, je ne sais pas.
– Vous voyez que vous ne savez pas tout.
– Je dis pas ça.
– Je savais que je vous embrouillerais avec mes Vikings.

… On trouve des planètes qu'on voit pas, rien que par le calcul, on doit bien pouvoir trouver un café inconnu dans une rue.

Réduire le taux d'alcoolémie de 0,7 à 0,5, je vois pas ce que ça change, j'ai toujours 2.

… Si si si, et il trouve les cafés par calcul, tout est logique dans la position des cafés, un marché, tu as forcément un café du marché, un stade, tu as le café du stade, il dit, on marche deux cents mètres et vu la position du marchand de journaux, on tourne à droite et on tombe sur un bistrot, avec lui vous risquez pas de rester avec la langue comme ça, il a un sens logique, y en a bien un qui a dit que la Terre est ronde en restant assis devant sa table à calculer, c'est pas plus difficile que ça.

Pour un travailleur de force c'est pas pareil, tu peux boire plus, c'est pas pareil dans le terrassement, ou alors tu transportes du parpaing toute la journée, c'est pas pareil, tu bois mais tu élimines, et en plus si tu bosses sur un chantier souvent tu rentres en métro, tu risques pas de planter la Mercedes.

Il bat ses enfants.
– C'est mieux que le contraire.

L'alcoolémie, c'est le style de l'homme.

... et il se balance, et il se balance, et toute la bière dans son ventre qu'on entend ça fait floc, ah si je vous jure, on entend floc là-dedans, ça doit mousser, c'est la sève qui balance dans les champs de blé !

... de 0,7 gramme à 0,5 gramme, t'as 0,2 gramme de différence, moi je passe à la balance avec mon 38 tonnes, si je pèse 38 tonnes et 0,5 gramme je passe, et 38 tonnes et 0,7 gramme, je passe pas, avoue que c'est enculer les mouches !

... C'est pas comme ça...

... je sais, je blague...

Une fois, bourré, les gendarmes m'arrêtent, ils me regardent les papiers, la voiture, ils me disent que j'ai bu, je dis oui j'habite pas loin, ils me disent attention, je dis c'est exceptionnel, ils me disent la prochaine fois bon, je dis oui je sais excusez c'est un pot au boulot, je sais pas si c'est le mot boulot mais ils m'ont laissé partir comme ça sans rien, quand je vois ça, je dis que c'est une très bonne publicité pour la gendarmerie.

Qu'ils s'occupent de la Bosnie avant de s'occuper de l'alcoolémie !

J'ai chié deux fois dans mon pantalon, mais toujours pour des bonnes raisons.

Le gars qui meurt de faim, il cherche de la bouffe partout, rien, si les autres le mangent, c'est lui la bouffe, il y a pas pensé, il cherchait de la bouffe partout, pas là, alors que la bouffe pour le coup, elle était grosse comme le nez au milieu du visage.

Le cheval est d'une grande beauté.
– De quoi je me mêle !

Dans certains pays en guerre, suffirait de crier « À table », tu sauves des milliers de vies.

Pour la mer Caspienne, il dit la mer casse-pieds.
– Vous avez de la chance d'avoir un chef qui rigole.
– Holà oui, mais attention, dans le travail ça ne rigole pas ! On rigole et la main part dans la presse !
– C'est comme ça qu'on voit ceux qui rigolent chez vous, ils ont pas de mains.

Pour quelqu'un qui meurt de faim, on dit jamais le prénom, j'ai jamais entendu Marcel est mort de faim, je dis Marcel parce que je ne connais pas les prénoms des gens qui meurent de faim, alors je dis Marcel, on n'y croit pas tellement mais c'est ça ou dire un prénom arabe pour un Noir et c'est pas mieux, pour savoir les prénoms de tous ces gens du Rwanda ou d'ailleurs, il faut se lever de bonne heure, et en plus cherchez la mairie sur Minitel, essayez, vous comprendrez ce que je veux dire, vous comprendrez, oui vous comprendrez...

Toute cette chaleur d'un coup, c'est pas humain.
– On comprend qu'en Afrique, personne travaille.

La mode est au transparent.
– Franchement, vous avez un bouton aux fesses, tout le quartier est au courant, ce sont des modes que je ne comprends pas, mais pas du tout alors...

Trouve-moi un seul mec intelligent qui parle bien bagnoles !
– ...
– Un seul !

L'intelligence, tu peux parler de quelques sujets, la connerie, tu en as mille fois plus, et je ne défends pas la connerie quand je dis ça, je constate, c'est tout.

... la connerie a pas besoin d'avocat.

C'est pas cohérent ce que tu dis.
– Ha bon ? Moi je trouve.
– Tu fais pas une friture avec un poisson.
– Moi je le fais.
– C'est pas cohérent.
– Qu'est-ce que tu me fais chier avec le cohérent ! Je fais cuire le poisson comme je veux et je t'emmerde.
– T'es pas cohérent.
– Viens manger à la maison, tu verras ma friture d'un seul.
– On fait pas une friture.
– C'est du poisson.
– On fait pas un poisson.
– La daurade.
– C'est pas de la friture.
– T'en sais quoi toi ?
– J'ai certainement mangé plus de daurades que toi !
– On serait pas des amis, ça finirait en bagarre cette connerie.
– Dis tout de suite que je suis con !

Bergson, le philosophe, c'était un enculé.
– Moi, je ne juge pas les gens.

Si j'allume tous les phares de ma bagnole, on me voit de la Lune.

Une ville, ça se visite, sinon autant mettre un drap dessus... j'ai pas raison ?

Quand les chevaliers s'éraflaient l'armure, ils ne faisaient pas de constat comme nous maintenant, quel temps on perd !

Si tu mets de côté tout le temps perdu depuis les hommes préhistoriques, tu peux tout recommencer depuis le début.
– Tout recommencer, rien que d'y penser, j'ai mal partout.

J'avais rien à dire.
– Un repas de mariage comme ça, eh bé.
– Rien à dire.
– Eh bé.
– Rien.
– Hé.

... Je serais une plante verte, je m'arroserais toutes les deux minutes...

Vous buvez quelque chose ?
– Évidemment.

Il est mort.
– Noooooooooooon.
– Si, je vous dis que si.
– Noooooooooooon.
– Si.

Sarajevo, ça finira mal cette histoire.

La mort, je m'en fous, je suis déjà mort hier.
– Justement, vous êtes parti et les consommations...

... tu peux tuer personne avec un couteau à beurre, tu tues même pas le beurre...

Jamais je suis arrivé en retard au travail, jamais, et ils m'ont viré !
– Pareil ici, jamais en retard.
– Vous allez pas me virer vous aussi !

Tu vis dans la nature et tu finis plaqué, et y a pas que l'ébène logée à cette enseigne, y a l'okoumé.

L'homme le plus grand du monde, c'est que de l'os à moelle là-dedans.

Des râteaux partout.
– ...
– Dans mon rêve.

Un orage ! Oh là là ! Des éclairs comme mon bras... comme mes deux bras... comme vos bras à vous... comme tous les bras d'ici...

... même si on les regarde pas, ils continuent à travailler, pour dire comme ils sont cons à la télé...

Avec cette chaleur, je suis toute collante, une mouche elle se pose, je la ramène à la maison.

… la boule qui tourne
au plafond, c'est féerique…

Les poulets, les enfants, tout ça c'est petit et ça grandit, y a pas une énorme différence.

Quel âge il a ?
– Quatorze ans, toujours dehors, le dedans, il ne connaît pas.
– C'est de son âge.
– À son âge, moi, j'étais toujours dedans.
– Dehors, dedans, c'est ça qui change le plus avec les époques.
– Toujours dehors.
– C'est plus grand.
– Dedans c'est pas petit.
– Dedans vous n'avez pas les rues.
– Les rues, les fameuses rues pour traîner ! Une ville sans les rues, on s'y installe tout de suite ! Ah si ! Si !
– Oui mais pour les courses ?
– On fera livrer.
– Il a qu'à devenir livreur si il est tout le temps dehors.
– À quatorze ans, on ne livre pas, on reste dans sa chambre.
– Vous êtes de la vieille école.
– L'école du dedans ! Moi, pour sortir, il fallait que je demande au moins la veille, on n'allait pas dehors comme ça, c'était pire que les frontières de maintenant.
– On ne peut pas mettre des douaniers devant les portes.
– La douane, c'est au jeune à l'avoir dans la tête, le dedans, le dehors, tout est là, c'est ça qui dirige le monde.
– Il n'y a pas moitié dedans, moitié dehors, il y a certainement plus de dehors que de dedans.
– Raison de plus pour rentrer !

Plus personne fait d'enfant, l'homme disparaît de la Terre.
– J'en ai quatre.
– Vous resterez tout seul avec vos quatre.

La petite est tombée du sixième étage, elle a rien eu !
– Les enfants sont mous.
– Mous ? Pas tellement.
– Si, après ça durcit.

Je hais le monde.
– Buvez déjà ce que vous avez commandé.

Les mots, j'en dis un, j'en dis un autre.
– On n'est pas couché avec vous.

On pète pas avec la bite, et pourquoi on pète pas avec la bite ?

Les architectes ne savent jamais où habiter, c'est comme les chiens qui tournent pour s'asseoir...

Quand elle pond son œuf, la poule, je suis sûr qu'elle regarde devant avec son œil dans le vide.

Quand j'étais petit, c'est moi qui allais, six-sept litres de vin, par jour, que je ramenais, même pour te prouver, y avait une petite bille rouge cadeau dans le couvercle pour avoir des bouteilles gratuites.
– Je te crois, tu n'es pas obligé de fouiller des souvenirs.

La barbe, ça fait viril, c'est comme une bite au menton.

On dit l'oiseau
de mauvais augure,
alors qu'il y a des
cars de flics partout...

Un mec sort un rasoir, je dégueule dessus, c'est ma tactique.
– Je me battrais pas avec toi.

Au cas où la
baston et je saigne,
j'ai toujours sur
moi des serviettes
en papier.

Les deux
chaussettes
à l'envers,
t'as plus
de repères.

Vous savez mon idée ?
– Non.
– Des coquillettes.
– Pas bête.

La peur, plus on en parle, plus on a peur.
– Ça dépend, dans le noir, oui, dans le jour, non.
– Dans le noir.
– Vous savez, ça fait des années que je ne parle plus de la peur dans le noir.
– Moi non plus, mais avec mon petit-fils...
– Ah c'est vrai que vous avez votre fille chez vous en ce moment...
– Il joue dans le noir.
– C'est moins cher qu'un ordinateur.

V'là Robocop... ha ha... pousse-mousse pousse et ça mousse... pousse-mousse et ça mousse... elles sont pour moi les fleurs ?... Tintin au Congo... ha ha... t'as pas un franc ?... Columbo... comme les Rois mages, en Galilée, allez, venez chercher l'étoile du berger, comme les Rois mages, où tu iras j'irai, fidèle comme une ombre, jusqu'à jusqu'à jusqu'à... ha ha... mission impossible... les sirènes d'Alexandrie... les sirènes d'Alexandrie me chantent encore la mélodi, i, i, ie, ... où tu iras j'irai, jusqu'à destination... tu t'es coupé les cheveux tout seul ? Tout seul... la nouvelle Mercedes... ha ha... tu me connais pas, avant j'avais un manège... avec mon mari sur le boulevard... donne-moi des sous... comme les Rois mages, en Galilée, va chercher l'étoile du berger, où tu iras j'irai, fidèle comme une ombre... je suis une foraine... jusqu'à destinatioooooooooon !

... il faut que je mange quelque chose, sinon je vais crever...

La Vache qui rit emballée par Christo, c'est une idée de pub aussi...

... la musique a véritablement démarré il y a dix ans...

... pour arriver à la cheville du « Jeu des mille francs » ils peuvent s'accrocher les jeunes...

... On trouvera jamais sur terre deux hommes qui ont tout à fait les mêmes souvenirs...

Le vin blanc monte directement à la tête, si t'as pas de tête, c'est même pas la peine d'en boire.

Pour monter à la tête, le vin blanc passe par le cou, c'est la route du vin.

On a vu les étoiles, les galaxies, les constellations avec un gars qui expliquait dans un micro comment l'univers ça marche, et on est allés manger après, la viande, bonne, mais les frites, trois frites qui se battaient en duel, surtout après les milliards d'étoiles d'avant, j'aime autant dire que ça fait petit.

Ça fissure tout l'atoll leurs essais nucléaires.
– Vous me dites ça à moi ? Un atoll fissuré ? À moi ? Vous avez vu l'escalier d'où j'habite ?

Dans la gendarmerie, vous n'avez pas du nucléaire, et ça marche très bien.

La dissuasion de mes couilles !
– Je sais, avec vous, dès qu'on parle dissuasion, c'est les grands mots.

Un atoll c'est quoi, une merde de mouche sur une carte pas plus grande que l'Australie...

Obligé qu'on doit réactualiser les bombes nucléaires.
– Tant qu'on fait pas des vases avec les anciennes, moi je dis qu'elles sont encore bonnes.

Partout sur terre, il y a de l'horreur, mais pas dans les potagers, vous avez remarqué ?

Les sourds disent plein de conneries aussi, mais c'est avec les mains, comme les sculpteurs.

Elle a des jolis yeux, mais des jolis yeux !
– Quel âge elle a ?
– Cinq ans, ils sont verts.
– Des yeux verts à cinq ans, elle aura son bac.
– Oh oui, ça c'est tout à fait possible.

Au cinéma, je m'endors, et je crois que ça ferait un bon sujet de film d'ailleurs...

Elle est vachement belle, son chien est vachement beau, elle vient le faire chier juste ici devant nous.
– C'est parce qu'on est laids.

L'oiseau il est passé, il s'est pris le hanneton en pleine gueule.
– Y a plus de hannetons.
– Y a plus de hannetons ? Alors là mon con, l'oiseau il arrivait du portail, le hanneton il s'est barré du tilleul, il se l'est pris en pleine poire !
– ...
– J'ai jamais vu ça !
– C'est pas un hanneton, y a plus de hannetons.
– Monsieur «je sais tout» !

Aux Chèques postaux, vous mettez une caméra, ça fait aussi des émissions.

... non non, ça m'a rien fait le pastis pur, j'ai mal, mais j'ai mal au bide...
– Pur, normalement ça fait du bien.
– J'ai mal, mais j'ai mal.
– Vous en voulez un autre ?
– Non non... un demi-pichet de rosé avec un verre, oui, on va voir.
– Comme vous voulez.
– Le prenez pas mal.
– Non non, de toute façon, je suis pas docteur, c'est des remèdes comme ça, c'est ce qu'on dit, moi c'est pour aider le client...
– Et la Suze ?
– Moi là je ne vous conseille pas, là non, après les pastis purs et le rosé, je ne vous conseille pas, mais d'un autre côté, je ne suis pas docteur non plus... écoutez, buvez le rosé, après vous me dites...
– Oui.
– Les bergers, ils ont un poinçon pour percer la panse des moutons ; l'alcool d'artichaut c'est bien mais j'en fais plus.
– L'alcool d'«artichaut»?
– On fait de l'alcool avec tout.
– Je connaissais pas.
– On peut pas tout connaître et tant mieux.
– Surtout que je suis patraque.
– Vous-même, là, à mon avis, vous fabriquez de l'alcool, c'est pour ça que vous avez mal.
– ?
– Vous avez bu des alcools lents comme les pâtes, ça se transforme en alcool dans l'organisme, c'est toute une alchimie interne.
– Où vous avez su ça vous ?
– Ici... oh mais je pourrais vous en dire qui vont vous étonner.

… C'est triste à dire, mais son anniversaire tombe le jour de Noël alors obligatoirement, on s'en fout de son anniversaire…

Tous ceux qui sont virés de la télé disent que de toute façon ils veulent écrire des livres.
– Et ça marche dans l'autre sens.

Je voulais un animal à la maison mais j'ai tellement peur du delirium…

Et un hérisson-cornichons !

Je suis passée devant l'immeuble de la télévision…
– Lequel ?
– L'immeuble avec des vitres, eh bien dites donc, je sais pas où ils font les films parce que de dehors quand on voit, c'est que des bureaux.
– Lequel ?
– L'immeuble.
– Connais pas.
– Oh, vous avez rien perdu, c'est que des bureaux.

Quand il est saoul, il parle tout seul, on comprend pas ce qu'il dit, il sait plus ce qu'il fait, il se tortille, comme quand t'arraches une queue de lézard, c'est une queue de lézard…

Avec cette chaleur je bois dehors au café qui est sur la nationale…
– À l'angle ?
– C'est ça, en face du loueur d'étangs, parce que les camions qui passent, ça me rafraîchit.

Je vais me faire brûler devant l'Élysée, j'en ai plein le cul de chercher du boulot.
– Vous serez bien avancé quand vous serez tout cloqué, tenez... et qui c'est qui voudra de vous quand vous serez carbonisé, tenez...

Le désert, c'est propre.

Des villes partout et tout d'un coup, plus une seule ville, le car s'arrête, vous êtes à la limite du désert, et vous en avez, vous en avez, la dernière ville finalement, c'est dans le car.

J'ai pas le droit de vote, alors j'ai voté dans ma tête.
– Pour qui ?
– Non, non, non, non, non, c'est secret.

En vacances, on dit toujours les mêmes choses, du style, combien il y a de milliards de grains de sable sur la plage, et à la rentrée on s'en fout, ça c'est la question typique de vacances.

Être propriétaire d'une gravière, moi j'aurais pas idée.

Je vous jure que ça fait peur, tout ce désert sans personne à part nous, c'est vraiment un anniversaire où personne est venu... comme angoisse.

On a des dents, tout de suite les mecs font des études pour être dentistes, si ça c'est pas des vautours, je sais pas ce que c'est.

La fragilité de l'humour, tu comprends ?
– ...
– L'envers.
– ...
– L'humour de fragilité, pas l'humour d'agression, on s'en fout, l'humour de fragilité, qui a une puissance folle.
– ...
– Tu fais de l'humour et c'est toi qui es en danger...
– ...
– C'est le seul intérêt, tu peux être malheureux, et c'est une fragilité qui demande de la force, c'est là où je voulais en venir, peut-être plus de force que pour être fort, de la force pour être fragile, à la limite du truc, tu comprends ?
– ...
– Je suis bourré peut-être...
– Comme la boxe.
– Hein ?
– La boxe, le sport.
– Hein ?
– La boxe.
– Quoi la boxe ?
– Je suis bourré peut-être...
– Non c'est moi.

J'ai jamais bu autant sans être saoul, des fois je suis bourré précoce, là c'est peine à bourrer... c'est la veille de la pleine lune.

Le cancer va toujours là où y a du monde, à plus de quatre dans un bureau, il arrive.

... j'ai chié tout mon content...

La saison des abricots va passer et je n'aurai pas mangé un seul bon abricot.
– Mais non, mais non, il ne faut pas dire ça.

Avoir cinq ans et pisser contre un arbre, c'est ce que je demanderais au Bon Dieu...

Chez Casto y a tout ce qu'y faut !
– ...
– Outils et matériaux.
– Fais pas chier, tu peux pas aller plus loin là !
– La Zoubida, la Zoubida !
– ...
– Moi je vais me barrer à cent bornes de Paris.
– Pousse-mousse ça mousse !
– Juste cent bornes, maxi cent vingt, en direction de la mer, c'est une ouverture, dans l'autre sens c'est claustro, tu t'approches à cent bornes de la mer, je la vois, ah je te jure, je la vois là-bas...
– La Zoubida !
– Cent bornes en direction de la mer...

Par rapport à toute l'histoire de l'univers, la préhistoire, c'est mercredi.
– Oui oui oui.

Elles tournent dans la cuisine, elles tournent en se cognant aux carreaux pour sortir, ceux qui disent que les mouches sont plus intelligentes que l'homme, je sais pas où ils sont allés chercher ça ceux-là...

Toi t'es fou.
– Pas plus qu'un connard.

Moi, y a déjà longtemps, le docteur il me l'a dit, vous avez un cœur qui bat lentement, comme Anquetil, vous vivrez jusqu'à cent ans.
– Anquetil, il est mort jeune.
– Oui, mais bon...

Tous ces ministres qui sont logés gratuitement, et la fille, et la famille, et les petits copains, non mais franchement, on croit rêver !
– Plus on a de l'argent et moins on paye.
– Et Juppé, pareil !
– Tous les mêmes.
– Honteux ! C'est honteux !
– Tous pareils.
– Vous savez combien je paye par mois pour un deux-pièces ?
– On a voté, maintenant, ils font comme les autres.
– Juppé, il sait pas reconnaître son trou du cul d'un trou dans la terre.

L'Élysée, Matignon, si ça se trouve, y a cent ans, c'étaient des HLM et aujourd'hui, vous avez vu qui ils ont mis dedans ?
– ?
– Pas nous.

... Je ne sais plus son nom mais c'est un papillon qui vit une seule seconde, et encore, sauf accident...

Je l'ai ouvert, je l'ai refermé.
– Vous me le prêterez ?
– Ah je vous le donne même, moi les romans à l'eau de fleur...

Il est pudique, mais à un point, je suis sûre, même son slip l'a jamais vu tout nu !

C'est toujours les pauvres qui payent, toujours, à croire qu'on nous entortille le porte-monnaie avec l'ombilic à la naissance.

Les détecteurs de mensonge, ils trichent sur les prix.

Au pôle Nord, au pôle Sud, à l'équateur, l'homme s'acclimate partout, il n'y a qu'en banlieue qu'il ne s'acclimate pas.

Une belle bande de voleurs aux HLM, avec eux, c'est une abeille par ruche.

Chirac, à part de Gaulle, qu'est-ce qu'y connaît ?

... ils n'apprennent même plus les dates...

Je suis un être humain, comme vous, comme lui, comme lui...
– Oui oui ...
– Je suis un être humain...
– Oui oui, tout le monde est un être humain ici.
– Vous êtes un humain.
– Oui oui, y a que des humains ici.
– Nous sommes des êtres humains.
– Oui, c'est ça... y commence à me fatiguer lui avec ses humains...
– Tous des humains.
– Oui, tous humains... allez, ça va comme ça maintenant, vous avez assez bu.
– Je suis un humain.
– Oui, je sais.
– Nous sommes tous humains.
– Oui, mais y en a ailleurs des humains aussi, y en a pas qu'ici, y en a au lit, ça va, ça suffit, rentrez chez vous...
– ...
– C'est ça... voilà... allez... voilà... attention, hop, voilà... non, le journal il reste ici... voilà... au revoir...
– ...
– ...
– Si ça se trouve, t'as viré un extraterrestre.
– Oui, eh ben bon, des extraterrestres comme ça, c'est pas la peine, j'en ai assez sur Terre...

... de mon temps,
j'étais jeune...

Toute la vie tu roupilles et quand t'es mort t'as les yeux ouverts.
– Oh ! Oh ! Moi je suis en vacances depuis hier alors ça va tes histoires...

J'aime bien les jolies choses, oui, j'aime bien, mais à petite dose.

Les indigènes maintenant avec la civilisation, ils boivent du pastis et ils mangent du crapaud.
– Ça va pas ensemble.

Personne ne garde une demi-bouteille de pastis pendant quatre-vingts ans dans le buffet.
– C'est vrai.
– Bien sûr c'est vrai ! Essayez.

Vous avez vu la Bosnie, et nous on va faire des feux d'artifice.
– Chacun fait ce qu'il veut.
– Oui mais bon...
– Vous allez sortir pour la Bosnie vous ?
– Je vais au feu d'artifice.
– Alors... vous êtes absolument dans votre droit aussi.
– À Sens c'est passé communiste.
– Vous allez compter les fusées ?
– Ah pas du tout.
– La Bosnie elle est loin.
– De Sens ?
– De tout.

... il voulait m'enculer, alors que même dans le gâteau j'ai jamais la fève.
– La galette.
– Oui, la galette.

Le plus grand taux de suicide, c'est chez les profs.
– Avec les vacances qu'ils ont ? Les plus grandes vacances c'est dans l'Éducation nationale.
– T'as le plus de morts.
– C'est la route des vacances l'Éducation nationale ou quoi ?

J'ai lu tout Balzac.
– Beu.
– Si, les quatre bouquins je me les suis ingurgités.

Des heures à attendre le train.
– Les heures, c'est fait pour ça.

Hendrix, fallait voir la vitesse des doigts aussi...

Molière ? C'est une queue-de-cheval qu'il avait je crois.

Toute sa vie il a peint des fleurs.
– Vous m'en direz tant !

La fille Évian, tu crois qu'elle en boit de l'eau ?
– ...
– Ah non mais attends, l'héritage ça fait pas du bien si t'es pas solide nerveusement.

T'as beaucoup plus de poissonneries à Paris qu'à la mer, compte, c'est pour ça qu'on a les mouettes.

Il est rentré dans la boulangerie et on l'a jamais revu.
– Où ?
– En face du Saint-Jean.
– Évidemment, c'est une boulangerie qui fait salon de thé où il y a des alcools de tous les pays.
– Aaaaaaaaaaaaah...
– Vous inquiétez pas, il est pas devenu boulanger votre ami.
– Moi je pensais à une porte derrière.
– C'est encore possible, les portes derrière, tout le monde en a.

J'existe pas, je suis une fumée de cigarette.
– Alors là, je vois pas le rapport.

Il avait une araignée au plafond, un taré, il s'est tiré une balle dans la bouche, résultat, il a plus de plafond.

Y avait un reflet rouge dans mon verre qui venait de je sais pas où, c'était moi et ma veste... rouge... je croyais que c'était le soleil c'était moi...

J'ai payé dix tournées !
– Putain, c'est Rémy Julienne lui.

À deux mètres de différence, t'as un café qui marche et l'autre café à côté marche pas, les mecs s'arrachent les cheveux.
– C'est insoluble.
– Oui, c'est ça sans doute.

Autour de Paris, ce sont les environs de Paris et après les environs, après les environs, alors là, demandez...

Tu sors de Paris, t'es « environ »! Pour qui y se prennent à Paris ?!

Une salade qui sait nager, c'est le cresson.

Il a pris des cachets, il a bu de l'eau de Cologne...
– Noooooon... ! Il est mort ?
– Non, il a été casse-couilles toute la soirée.

Un vrai réveil en fanfare, j'avais mis le réveil et en bas y avait une fanfare...

Ils lui ont fait un trou dans la gorge et c'est par là qu'il respire.
– Ah là là le tabac... le tabac... et le moral ?
– Ça va, il rit.
– Il rit ?
– Oh, pas comme vous et moi, mais on entend un peu, ça sort par le trou.
– Hein ?
– Ici.
– C'est horrible !
– Quand je dis qu'il rit par le trou, j'exagère, il sourit.

Mes clients, je les bague, comme ça si un jour on les retrouve dans un autre rade, on sait que c'est ici le pigeonnier.

Composer de la musique, t'es ton propre chef.

La chauve-souris pendue au plafond, elle chie au lit, tu lui retrouves de la merde derrière les oreilles.

Je me couche de bonne heure comme Proust en ce moment. – C'est la chaleur.

... les poules aussi elles se couchent comme Proust.

Le pinceau de Picasso qui est mort, attends, tu le vends des millions, attends, mais merde, il est mort, le pinceau aussi merde, le mec qui est star dans le porno, il est mort, la bite elle vaut rien, non mais attends, non ? Tu vas pas acheter une vieille bite sous prétexte que c'est la bite d'un quelqu'un qui a été star dans le porno, non mais attends, tu l'achètes toi la vieille bite, tu l'achètes cent patates la vieille bite ? Rien du tout oui, cadeau la bite tu la prends pas, alors le pinceau à l'autre là, Picasso, tout Picasso qu'il est, et moi en plus j'aime bien ce qu'il fait, mais son pinceau il se le met dans le cul, quand l'homme est mort, tout disparaît, c'est mon idée, et voilà c'est mon idée, la mienne, à moi.

Les bouteilles consignées, pour moi, c'était aussi important que le collier de mon chien, pour dire où j'en étais...

Deux taupinières dans le pré, deux, à ça l'une de l'autre, comme deux nichons qui auraient plus d'herbe...

Ce sont des plantes qui ne fleurissent que la nuit.
– Oui, c'est bien gentil, mais on va pas mettre le réveil pour ça.

Entre les feuillages, vous avez de la vue, et qu'est-ce qu'elle fait dans les arbres celle-là ?
– ?
– Je blague.

Avec un asticot en otage, vous prenez du poisson.

C'est à se demander si le jour va se lever.
– De quoi je me mêle !
– ...
– Vous êtes dans le jour vous ?
– ...
– Alors.
– ...
– Je lui explose sa gueule à lui.
– ...
– ...
– Moi, je disais ça...
– C'est ça, c'est ça...
– ...
– ...
– Patron s'il vous plaît, combien je vous dois ?
– C'est ça, casse-toi.
– ...
– Y va faire jour, casse-toi.
– Bonsoir messieurs.
– C'est ça, casse-toi.
– ...
– C'est ça... allez... c'est ça... avec des cons pareils, le jour il est mal barré... il est de la Poste ou quoi ?

Les plus beaux dialogues de film que j'ai entendus, c'est au Pathé Wepler.

Personne a mesuré la mer, même l'autre con de Cousteau va pas au fond.
– Mais si, les sonars mesurent.
– Les sonars ? Ça vaudra jamais la vérification humaine.

Attention ! Le soleil est traître.
– Ne vous inquiétez pas, je ne lui tourne pas le dos.

Le sonar trouve le trésor au fond de l'eau mais c'est quand même l'œil humain qui dit combien ça coûte.

Un volcan éteint, tu balances ta clope dedans, rebelote.

Y boit, y pisse, c'est pas une bite qu'il a, c'est un décapsuleur.

Un drapeau avec une tête de mort, ah bien sûr ça fait peur, mais vous savez, un drapeau avec des pieds gelés, c'est aussi parlant.

Soit je pisse, soit je chie, moi j'ai le choix.

On s'est perdus dans la foule.
– Tout le monde se perd dans la foule, c'est pire qu'une grande ville, c'est une ville à pied, pour s'y retrouver là-dedans...

On passe pour des cons avec notre nucléaire alors que c'est pas fait pour ça.

Chirac, il a une tronche à mettre des pantoufles...

La politique, je n'y comprends rien, mais le président de la France non plus...

Chirac, c'est un débile, il est tellement con, j'aurais pas peur de lui dire en face, pour dire comme il m'impressionne.

Tu te rends compte ? En six semaines, Chirac a réussi à ce que les autres pays achètent plus notre pinard, c'est quand même l'exploit, non ?

Vous trouvez pas que j'ai vieilli ?
– Si.
– C'est pas ça que je vous demande !

Chirac, faut lui donner un tabac à gérer, pas plus.

L'appendicite, on me l'a enlevée quatre fois.

... tout le temps des moucherons dans les yeux, comme il vient en Mobylette, et comme ça le fait pleurer, les moucherons lui coulent sur les joues, tout doucement, un moucheron ça coule pas vite, alors il est là, il parle, et moi je peux pas décoller les yeux des moucherons, vous savez, c'est attirant pour l'œil... mais où il habite pour récolter tous ces volatiles ? Vous savez vous ? Il habite au bord de l'eau ?

Une viande qui ressemble à un légume, c'est la cuisse de grenouille.
– Ah oui c'est vrai.

Je ne suis pas trop bavarde ?
– Non non, parlez, ça me rafraîchit.
– ?

Les prunes dans l'eau-de-vie, c'est aussi efficace que les momies égyptiennes.

Dans les textes anciens, vous savez, ils disent que le paradis est traversé par quatre fleuves...
– Une petite rivière de première catégorie pour moi ça suffit comme paradis...
– Ce sont des textes anciens.
– Oui, moi je suis nouveau, c'est pour ça. De la mythologie, moi, je vous mets de la truite dedans.
– Vous êtes pêcheur ?
– J'ai la carte... vous êtes professeur ?
– J'ai les diplômes.
– Combien de rivières ?
– Quatre.
– C'est plus le paradis, c'est la Brière.

Les moulins à paroles... Au Tibet.
– ...
– Vous tournez, ça fait des paroles.
– ...
– Vous avez jamais vu ça ?
– Jamais.
– Omanipadméun.
– ?
– C'est une prière des monastères, vous tournez les moulins et les moulins disent les prières.
– Ah bon...
– Vous avez des monastères à quatre mille mètres d'altitude.
– Balladur il est à Chamonix.
– Ça n'a rien à voir.
– Le mont Blanc, quatre mille huit cent sept mètres, c'est une date que j'ai jamais oubliée, ça.
– ...
– Vous y êtes allé à Chamonix vous ?
– Je ne vous parle pas de Chamonix.
– Vous parlez de quoi ?
– Les monastères au Tibet.
– Où ?
– Au Tibet.
– Le Tibet ? Holà ! Ça rigole pas là-bas, pour avoir les pieds gelés, c'est là-bas qu'il faut aller.
– ...
– Faut jamais dormir dans le froid, c'est la fin assurée, ah oui alors, recta.
– Justement, les monastères sont là au cas...
– Ah oui, avec les moulins...
– À prières.
– À la maison j'ai une boîte, on la retourne et ça fait « meuh », la vache, on l'a ramenée d'à côté Chamonix, parce que attention, les prix à Chamonix, simple au double, triple, quadruple.
– ...
– Chamonix.
– ...
– Mais si, Chamonix ! La ville avec des balcons.

L'organisme humain a besoin de viande.
– On peut s'en passer.
– Non non, l'organisme en a besoin.
– Les végétariens se portent très bien, ils sont même en meilleure santé que ceux qui mangent de la viande.
– J'en ai vu l'été y a deux ans en face de la location où on était, ils faisaient du vélo en short, fallait voir les petites jambes, fallait voir, des Hollandais.
– Ah les Hollandais, bien sûr les Hollandais, eux, c'est ni viande ni légumes, que du lait, des fromages et du yaourt.
– La Hollande n'est jamais en guerre, d'un autre côté.
– Allez tirer des coups de canon avec un yaourt dans le ventre et vous comprendrez...
– Moi, si je ne mange pas...
– Ça vous va bien d'être un peu forte.
– Je suis potelée comme un sapin sous la neige.

... de toute façon, c'est toujours l'Asie du Sud-Est, vous avez entendu aux informations, toujours l'Asie du Sud-Est, l'Asie du Sud-Ouest ou du Nord-Est, alors là, jamais entendu, le Sud-Est, le Sud-Est, le Sud-Est, comme nous le sud de la Loire, on n'entend que ça.

Ils mettent des bouteilles de vin factices pour que personne soit tenté de casser la vitrine pour les voler.
– Moi j'en fais la collection.
– ...

« Con comme une bite », c'est une expression qui a fait le tour du monde.

Le visage est un rempart naturel contre le vent sinon le cerveau, vous allez le retrouver là-bas loin... un coup de vent et vous courez après votre cerveau qui roule !

Ça suffit vos histoires morbides.

Valence, tout ce coin-là, c'est bourré d'artistes à cause de la lumière.
– Moi chez moi j'allume, pas d'artistes.

... Une fois par semaine il perd ses clefs ! Ah celui-là ! Un vrai personnage de roman !

Dehors !
– Je m'en fous, de toute façon quand on me vire je renais de mes cendres.

Ah ben ça va être beau le bal ce soir... avec tous les primaires qu'il y a ici !

Dix minutes avant de sortir du ventre de sa mère, le bébé range tout.

Il est né un 27 juillet, son fils pareil, son père pareil, ils sont tous arrivés au monde le 27 juillet !
– C'est la famille « qu'une porte »...

... Si on accouchait de vieillards, tout le temps des choses serait raccourci...

... la merde du diable, aucune chasse d'eau peut la faire partir...

... Vous creusez la tomate, dedans vous mettez des crevettes avec la petite sauce, quand vous arrivez avec le plat les invités font « Oooooooh », ah si, ils font « Ooooooh »... et vous savez pourquoi ? Parce que j'ai expliqué ma recette avant, sinon tout le monde se tait, comment vous voulez que les gens sachent pour les crevettes à l'intérieur des tomates si vous ne l'avez pas dit ? C'est pas des tomates qui viennent du potager du vitrier !

Un animal de compagnie, ça fait de la compagnie.
– Moins qu'une compagnie de CRS.

Une année, toutes les télés explosaient, vous vous souvenez ?
– Non.
– Vous vous souvenez pas ?
– Non... C'étaient qui les présentateurs cette année-là ?

J'aime bien l'électricité.
– Ça se voit dans votre œil.

Avec la microchirurgie, le chirurgien peut graver « je vous aime » sur un globule.

J'ai une peur verte des pétards, et pourtant, je n'ai jamais explosé moi-même...

Elle a reçu une merde d'oiseau dans l'œil, et dans la merde de l'oiseau y avait un microbe très rare qui lui a paralysé la paupière.
– Je me doute que c'est un microbe rare, parce que pour faire de l'acrobatie comme ça...

... faut pas être le dernier des cons de microbe pour être une maladie rare...

La fête nationale et la fête des Mères, c'est les deux fêtes inventées par le gouvernement de Vichy, si, si, si, monsieur, par le maréchal Pétain, si, si, exactement, si, lis ton histoire de France avant de contredire, si, si, lis-la, après tu reviens me parler, si, jusque-là tu te tais, au début même c'était la même fête, avec un défilé de mères en plus...

Je n'aime pas la foule, j'ai toujours peur de mourir écrasée ou pire de marcher sur le pied de quelqu'un...

Chirac, il a fait le défilé en voiture, il a pas les jambes de De Gaulle non plus...

Pour la Patrouille de France, il faut des pilotes qui s'entendent bien...
– Un avion qui part à droite, un avion qui part à gauche, vous appelez ça des pilotes qui s'entendent bien vous ?
– ?

Au début du défilé, j'avais une boîte de macédoine de légumes sur la table de la cuisine, à la fin du défilé, elle y était plus.
– ...
– Plus de boîte !
– ...
– J'ai pas bougé de la télé, plus de boîte.
– ...
– C'est un 14-Juillet qui va me rester gravé là celui-là !
– C'est le mystère de la chambre jaune.
– Mais non, elle était dans la cuisine.

À part la Légion, tout le reste du défilé, c'est des majorettes.

C'est notre pognon qui défile !

... tous ces chars qui passent, ça fait vibrer les appareils dentaires...

À la Légion, sur les gaufrettes du quatre-heures, c'est marqué « marche ou crève ».
– Où qu'y va lui !

Dans la garde républicaine, chacun est sur un cheval alors que chez les gendarmes, ils sont des fois vingt sur une moto, eh bien je préfère encore la garde à regarder.
– Moi j'aime tout.

En haut de l'Arc de Triomphe, je mettrais des géraniums mais des géraniums, j'en mettrais partout, moi...

On a une belle armée.
– Défiler sur les Champs-Élysées, ça prouve rien.
– Ah je m'excuse !
– Défiler dans un champ de mines, là ça prouve.

... moi j'aime pas les défilés obligatoires, j'ai envie de défiler, je défile, j'attends pas le 14 !

J'aime pas l'armée.
– C'est pas de l'armée, c'est du défilé.

Je lui achète un gros livre de guerre, il le lit pendant les vacances, et si il le finit pas dans le mois, tant pis, il le finit pas, toutes les pages après les vacances, ça l'intéresse plus.
– Nous, on part deux fois quinze jours.

Défiler sur les Champs-Élysées, c'était plus facile que défiler en Bosnie.

La sirène des pompiers, deux fois ce matin.
– Aux pompiers, on leur doit une fière chandelle.

Sur la table du jardin, en cinq minutes, le livre de poésies plein de fourmis !
– Si encore elles y connaissaient quelque chose...

Les hirondelles revenaient, elles ne reviennent plus.
– Elles reviendront.
– On peut plus se poser dans notre rue à cause des travaux d'élargissement, ils ont enlevé les arbres et les poteaux.
– Vous êtes près d'Orly et elles arrivent pas à se poser ? Eh bé, c'est le monde à l'envers.

La communauté internationale, ça me rappelle la communale, pareil, y avait un Yougoslave qui faisait chier tout le monde, personne lui cassait la gueule...

Si vous voulez collectionner les cartes téléphoniques et que vous n'êtes pas tellement bavard au téléphone, trouvez une autre idée de collection.

Ça vous manque
pas trop l'air du pays ?
– L'air, moi, du
moment qu'y en a…

C'est la championne
du monde d'escalade.
– Je te ferais descendre
ça dare-dare de la
montagne moi et
direction la maison !

Le baobab, c'est
jusqu'à six cents ans
je crois, l'oiseau qui
fait son nid là il est
tranquille pour un
moment...

Quel âge il a ?
– Deux mois et
demi.
– Il est costaud.
– Je veux pas que les
clients le caressent,
ça lui apprend les
mauvaises
habitudes.
– Vous allez lui faire
couper les oreilles en
pointe ?
– Non... j'ai vu le
vôtre, il a les oreilles
coupées.
– Les oreilles en
pointe, c'est plus
impressionnant.

Sur six cents pages
d'un bouquin, si t'en
as cent bonnes, c'est
le maximum.

Le ciel bleu, mais
bleu... comme le
petit tube de bleu
dans les boîtes
pour les gosses...

Bientôt, on aura toute
la Bibliothèque nationale
sur UNE seule disquette.
– La Bibliothèque
nationale, je préfère l'avoir
en face de chez moi.

L'alcootest,
quel fléau,
mais quel
fléau…

Je peux me mettre là ?
– Allez-y, allez-y !
– Je vais pas prendre votre place tout de même...
– Holà, vous prenez pas ma place, y a de la place, y sont tous à l'église pour un baptême... un baptême à l'église ici, ça faisait longtemps, houlà, ah oui, longtemps... ça va lui faire drôle au curé un baptême...
– Vous me donnerez un demi.
– Un baptême... faudrait pas que le curé enterre le bébé, par habitude...

... Une canicule à assommer une mouche...

La chaleur, ça ralentit la rotation de la Terre.

Les Américains, dès que la chaleur monte, ils meurent.
– Normal, ils sont gros, blancs, ça fait comme pour les microbes du lait.

40 degrés à Chicago...
39 degrés à New York.
– Un degré de moins.
– ?
– Un degré de moins à New York.
– ...
– C'est un Italien qui s'évente.

Quelle chaleur... j'ai les dessous de bras en Everglades...

Ceux qui se branlent le plus vite, c'est les anciens batteurs.

C'est une aventure d'alcoolique, rien de plus.
– N'empêche, c'est arrivé.

Je suis passé par l'élevage de cochons, il est plus là, un champ de pâquerettes, ah dis, c'est pas pareil !

Monet, celui des nénuphars, maintenant c'est sans doute une grenouille, tout est logique dans la réincarnation.
– Oui, c'est ce qu'on dit...

Loin des yeux, loin du cœur.
– Loin des yeux, loin des couilles.
– ...
– Oui, je sais, je sais...
– J'en ai marre d'être toujours avec des cons !
– Oui, je sais, je sais...
– Tu rebois quelque chose ?
– La même.
– T'as de la chance que je me fais chier tout seul.
– Oui, je sais, je sais...

Les étoiles qui sont au-dessus de la France devraient appartenir à la France.

... des thèmes de ballet, vous en avez pas trente-six...

Quand on est moche, on se baigne pas !

... je sais que je ne sais rien...

Tiens, encore un con là-bas.

... du Tigron, c'est un vin pour les pauvres...
– Pouah ! Rien que le nom.
– Et alors ? Il faut bien qu'ils en boivent du vin, eux aussi, les pauvres !

Personne peut rien contre Indurain.
– Moi je prends ma bagnole.

C'est le vélo le sport le plus dur, il faut un mental d'acier, les gars arrivent à grimper des côtes comme ça sans lâcher, les gars serrent les dents, on voit qu'ils souffrent, et ça grimpe !
– Remarque, de l'autre côté, ça descend... sans dire du mal...

Indurain, Zulle, Jalabert, Riis, Pantani, Rominger, Virenque, c'est là-dedans que faut chercher les trois premiers à Paris.
– On verra bien.
– Un pronostic ?
– On verra bien, je suis pas chercheur cycliste.

Un génocide à deux heures d'avion d'ici, personne fait rien...
– Le Vél'd'hiv', c'est à dix minutes.

Houlàlàlàlàlàlà c'est quoi cette photo avec du sang ?
– C'est un coureur du Tour de France qui est tombé.
– Je croyais que c'était encore une image de guerre, qu'est-ce qu'on en voit des images de guerre !
– Mais non, c'est du sport.

Aucun ordinateur sait garder des vaches !
– Pour l'instant...
– C'est pas l'ordinateur qui va grimper dans les prés !
– Pour l'instant.
– C'est Fantomas ton ordinateur...

Pour un cannibale, un top model n'a pas de goût.

... On a vu un concert dans une église, un piano dans un sens et un autre piano dans l'autre sens, comme deux chiens collés...

... dans le cimetière, c'est frais, y a de l'ombre, ils ont les plus beaux arbres ces enculés de morts...

Au Moyen Âge ils dressaient les ours qui dansaient devant le roi mais aujourd'hui pour approcher un ours...

Vous lui donnez ça de liberté, il en veut ça !
– Les jeunes, il faudrait les envoyer en stage dans les pays africains.

J'aime la pendule à coucou parce que pour une fois, on nous a fait un objet vivant...

C'est les ordinateurs maintenant qui ont des mémoires d'éléphant, c'est plus nous...

J'ai ma vigne vierge coincée dans la gouttière.
– Pas si vierge que ça !
– ?

Il est malade et il boit quand même son apéritif.
– C'est une leçon de vie au quotidien.

C'est une carte postale qu'il m'a envoyée depuis le soleil, d'ailleurs regardez, il y a un doigt de sueur sur l'adresse.
– Le mien, en vacances, il écrit jamais, c'est pas lui qui m'enverra des doigts de sueur.

Depuis qu'elle a signé le papier des dons d'organes, elle est toute coquette, elle fait attention à ce qu'elle mange, comme si c'était déjà plus à elle...
– Je sais, quand elle donne de la salade elle vous la donne lavée, elle est comme ça.
– Et même pour elle !
– Même pour elle.

Les avions à réaction de l'ONU, ça fait pas beaucoup de réactions.

...aaaaaaaallez ! va falloir rentrer...

Marie Curie sur les billets, c'est bien, c'est un hommage aux vaccins...

On a perdu l'Algérie, on peut perdre la Bosnie.

Pour moi, Jacques Chirac sera toujours le maire de Paris.

Au bord de la mer on peut pas lire dehors,
le vent tourne les pages à toute vitesse.
– Il lit plus vite que vous.
– Ah ça, c'est pas dur.

Toute la matinée j'ai fait mon jardin en chantant « les Anarchistes » de Léo Ferré.
– Quand on a quelque chose dans la tête.
– Toute la matinée, « les Anarchistes... les Anarchistes »...
– C'est pas tellement votre genre.
– Ah ça pas du tout ! D'autant que je ne la connais pas, cette chanson.
– Mais si.
– Mais non !
– Mais si ! Si vous la chantez, c'est que vous la connaissez.
– Non.
– Allons...
– Non je vous dis !
– Léo Ferré est pas enterré dans votre jardin, alors c'est que vous la connaissez.
– Non.
– Vous l'avez entendue un jour sans faire exprès et ça vous est revenu ce matin, on croit qu'on n'écoute pas les tubes de variétés et on enregistre quand même...
– Bon...
– Si si...
– Bon...
– Vous êtes pas convaincue...
– Toute la matinée...
– On va quand même pas vous mettre sous hypnose parce que vous chantez « les Anarchistes » !
– Bon...
– Y a un gars, il a traversé tout le pôle Nord à pied en chantant « Gare au gorille », il a failli devenir fou.
– « Gare au gorille », ça, je connais...

La chute qu'il a fait ! La chute ! Dans la descente, il a raté un virage, sa tête a cogné une borne en béton...

– Ah là là...

– Il est mort juste après à l'hôpital.

– Ah là là...

– Les gars descendent à des cent, résultat... un mort...

– ...

– C'est des sports dangereux tout ça, on n'y pense pas, mais c'est dangereux, il faut qu'un accident arrive pour qu'on y repense, et il avait pas son casque.

– Ah là là...

– C'est la loi du sport aussi...

– ...

– Les gars prennent des risques, ils le savent le danger, c'est une fatalité au fond, mais il faut pas y penser, sinon...

– ...

– C'est ça qui fait la beauté du sport aussi par un certain côté.

– Ah là là...

– Vingt-six ans, une femme, un bébé...

– Ah là là là là...

– La course continue, et c'est tant mieux...

– ...

– C'est le meilleur hommage qu'on peut lui rendre à ce jeune qui a pas eu de chance, en fait c'est ça, c'est de la malchance, ça aurait pu arriver à n'importe quel autre coureur, d'ailleurs y en a d'autres qui sont tombés avec lui mais c'est moins grave.

– Ah là là là là...

– Comme vous dites...

Ils l'ont enterré le jeune cycliste ?
– Ce matin.
– Ils lui ont greffé son cœur ?
– ...
– Ils lui ont pas pris son cœur ? Je parle pas français ? Je dis s'ils l'ont enterré avec son cœur ?
– ...
– Ça fait plaisir pour ceux qui attendent un cœur !
– Je sais pas.
– Ils l'ont enterré ce matin ?
– Oui.
– Alors ils l'ont enterré avec son cœur.
– Y avait mille personnes à l'enterrement.
– C'est bien... un beau cœur de beau sportif comme ça... aux asticots ! C'est bien... les asticots feront du vélo... c'est bien...

C'est pas avec ton cul que tu donneras ton cœur, il faut signer un papier.
– C'est pas la famille qui fait ça ?
– La famille, quand t'es mort, elle veut que tu pourrisses tout de ton entier.
– Ils te font manger quand tu donnes ton cœur ?
– Mais non ! C'est quand tu donnes ton sang.
– Ah bon...
– Y pense qu'à bouffer celui-là... c'est pas un don d'estomac que tu fais !

Un cœur comme celui-là, c'est la Rolls des cœurs...

Tu donnes ton cœur, et après les étudiants en médecine font les cons avec ta bite.

L'abbé Pierre en ex-Yougoslavie... eh ben... il est pas bien pimpant le nouvel hélicoptère français...

Chez mes parents, y avait un bidet.
– Nous aussi à la maison, quand l'eau coulait, ça voulait dire.

Quand il fait chaud, j'ai plein de souvenirs qui remontent, pas quand il fait froid.
– Ça, c'est parce que vous avez la mémoire molle comme le goudron de la route.

Les essais nucléaires, on n'avait qu'à les faire en Bosnie, c'était l'occasion.

Tuer un enfant, c'est criminel !

Avec cette chaleur, il faut s'enfermer à la maison et tout bien barricader.
– Comme en hiver quand il fait froid.
– Pareil, et il faut boire chaud.
– Comme en hiver quand il fait froid.
– Pareil, et en faire le moins possible, moi je regarde la télé.
– Comme en hiver quand il fait froid.
– Pareil, vous avez raison, le chaud, le froid, tout ça, c'est de la température.
– Idem.

Un œil qui pleure salé, un œil qui pleure poivré.
– C'est pas très visuel comme numéro.

… On a la même température qu'à Tahiti, remarquez c'est normal tout ça c'est la France…

La Terre se réchauffe.
– Mais non, c'est l'air qui est chaud.
– La Terre se réchauffe je vous dis !
– C'est un temps à salade de fruits.

Le mieux, c'est « le Guide Michelin ».
– Moi je fais pas confiance à un pneu pour la bonne bouffe.

Y a que ceux qui font rien qui cassent rien !

Il s'est endormi dans son assiette.
– C'est moins dangereux qu'au volant.

Le plus dur, c'est de vendre des livres aux intellectuels, parce que pour les autres, ça va par centaines de mille !

Elle repasse les drapeaux qu'on met sur les cercueils des soldats qui sont morts.
– Le drapeau, ça se repasse comme du drap.

Tu parles d'une journée de vacances, j'ai pas posé le cul sur une chaise cinq minutes depuis ce matin, j'ai mangé debout, j'ai même pas regardé les infos à midi, si ça continue, je vais la haïr cette tondeuse !

En mourant tu tues la maladie, t'as le cancer, tu meurs, le cancer meurt avec toi, le meilleur remède contre la maladie, c'est quand même la mort, le mieux qu'il faudrait quand tu as le cancer, c'est te laisser mourir et quand le cancer est mort, on te réveille et lui, on le laisse mort, après, il suffit de t'enlever le cancer mort et tu repars comme en quarante, c'est idiot, idiot de lutter contre la maladie, plus tu te soignes et plus elle se soigne, tu la laisses mourir sans t'en occuper, ce qu'il faut inventer c'est le moyen de ressusciter un mort, à la limite, c'est pas plus difficile que soigner un cancer, c'est un choix de société entre donner des cachets aux cancers ou ressusciter les gens, c'est un problème d'argent, parce que ressusciter des morts, dans une société qui fait pas de bébés, je ne sais pas si c'est une bonne chose, je ne sais pas, il faudrait au moins équilibrer les chiffres, un bébé qui naît, un mort qu'on sauve, sinon, une société entière faite de morts, je comprends aussi, je le comprends, que ça n'intéresse pas un gouvernement et quelle que soit sa couleur politique, d'avoir des morts à la place des bébés, parce que déjà, la population qui vieillit, déjà c'est une inquiétude au niveau de l'économie, mais une population que de revenants, je ne sais pas si tu vois la compétitivité par rapport à des pays jeunes qui en veulent comme la Corée ou même le Japon ou même l'Allemagne, qui achètera des produits ou des voitures ou des meubles ou des vins fabriqués par les gens morts qui sont revenus, on dira pas que c'est un miracle de la science, on dira que c'est anormal, parce que tout le monde veut ressusciter, mais personne n'achètera une voiture montée par des morts, on est cons, on ne sait pas ce qu'on veut, ou si, on sait ce qu'on veut, on veut des bonnes voitures fabriquées par des gens jeunes, oui, mais les gens jeunes, il n'y en a plus, c'est pour ça que je dis, on est là face à un problème de société, réel, un mort qui boit dans ton verre, déjà, il faut s'y faire, à ça, mais quelqu'un, qui a un cancer, j'aime pas trop non plus qu'il boive dans mon verre, je sais, je suis con, mais je le sais, et ces morts qui ne vendent pas de voitures, ça finira en chômage, comme les vivants, une société qui a cinq millions de vivants au chômage et cinq millions de morts au chômage, cette société, je te le dis comme je le pense, elle ne va pas faire de vieux os, celle-là, j'insiste là-dessus, oui, alors, oui c'est ça, un cancer, tu le fais mal manger, tu le fais pas dormir, tu vas voir, si ça se trouve le cancer, il se tire, il va voir ailleurs si on mange bien, il faut le traiter comme un casse-couilles qui habite chez toi, tu lui donnes le champagne au casse-couilles qui ne veut pas décoller, mais non, un verre d'eau chaude, le cancer, à l'eau chaude, c'est une direction nouvelle pour tenter de soigner en tous les cas, la recherche médicale c'est souvent ça, on dit une connerie, et après, on vérifie…

La parole, c'est une sorte de moyen d'expression finalement...

... et puis ?
– Des grands oiseaux.
– Et puis ?
– Des hippopotames.
– Et puis ?
– Des canards.
– Oui mais et puis ?
– Des renards.
– Et puis ?
– ...
– Et puis.
– ...
– Des lions ! Faut vraiment lui tirer les vers du nez pour qu'elle raconte cette gamine.

Il tord des petites cuillères avec la pensée.
– Voilà à quoi ça sert la pensée maintenant !

La pisciculture, c'est l'élevage pieds dans l'eau.

Une belle truite, c'est comme un biceps dans l'eau.

Marilyn Monroe tête de veau !

... C'est parce qu'il est là que le temps est là, si l'homme est pas là le temps est pas là, le temps c'est l'ombre de l'homme, sans l'homme, pas d'ombre, pas de temps, mais si, mais si, enlevez l'homme de l'univers et après dites-moi l'heure qu'il est...

De ce temps, les truites elles souffrent, je les vois dans les bassins, elles me regardent comme si j'étais le Messie, qu'est-ce que j'y peux moi, je vais pas manger le soleil pour sauver mes poissons...

L'âme humaine, tous qu'on est sur terre réunis vous en avez pas un kilo.

Vous parlez, vous parlez, vous parlez, mais qu'est-ce que vous en savez vous du cycle de la vie ?
– C'est un Peugeot.
– ?

Le sourire de la Joconde, ça va cinq minutes.

Une chaleur pareille, on n'avait pas vu ça depuis 1982 !
– Vous étiez où en 1982 ?
– ?
– On vous a pas vu ici.

Plus il fait chaud, plus les vers vont profond dans la terre pour rechercher la fraîcheur.
– Le haut, le bas, le ver sait pas.
– Ah si, le ver sait !
– Il descend sans savoir, c'est l'instinct, mais le haut, le bas, pour lui, ça n'existe pas.
– Le ver sait autant le haut-le bas que n'importe qui...
– Il descend sans savoir, il est attiré par une force plus forte que lui.
– Une force plus forte que le ver, je voudrais bien la voir sur une balance !
– La fraîcheur l'attire, comme vous, tenez...
– Moi j'ai pas besoin de descendre, j'habite au rez-de-chaussée.

Un bon orage, ça rafraîchirait la planète...

Au-dessus de Thonon, chaque virage, t'as une voiture dans les arbres, les gars connaissent la route, alors y foncent...
– Le pire, c'est les gens qui connaissent la route.
– Les jeunes.
– Oui, un jeune qui connaît la route, là j'ai peur.

Le vrai chanteur, c'est le chanteur sans micro, le vrai penseur, c'est le penseur sans micro-ordinateur.

La vigne, toute hachée par la grêle.
– Et les vaches ?
– ?

Là où la foudre est tombée, on ne peut plus s'asseoir pendant quinze jours.

Non ?
– Je sais pas.
– Si ?
– Peut-être.

Marilyn Monroe tête de tonneau !

C'est important une bonne secrétaire, c'est une troisième jambe.
– Faut pas trop qu'elle se maquille.

... Smac... smac... smac... smac... nous c'est quatre.

De ce temps-là, on pèse le double.

Dans le Lot, il y a un élevage d'autruches, vous savez que ça avale tout, je sais pas dans quel état elles vont mettre le Lot mais bon...

... je vais me couper en deux pour plus être tout seul...

Les riches se changent avant de passer à table, nous on boit l'apéritif, c'est une façon de se changer aussi.

Il réfléchit, il est mystérieux, il vient devant la maison nous regarder quand on mange, il a des choses dans sa tête pas normales pour un canard.

Si y a un animal qui veut pas boire du lait, c'est bien la vache.

Si à la place du front on avait une baie vitrée, on verrait tout le cerveau.
– Ah là non merci !
– On verrait le cerveau chez les voisins.
– Ah là non merci !

Quand t'es dans la navette spatiale c'est comme quand t'es dans un pneu de vélo, t'as quasiment jamais le temps de voir dehors...

... Si c'est pour effectuer un travail de fourmi, les gendarmes ont pas besoin de képi...

À poil sur une île déserte ? Sur une île déserte, ça sert à rien de se mettre à poil.

En sculpture, le plus difficile à faire, ce sont les ailes des anges et les pattes de chevaux.
– Faut être patient.
– Ah oui, c'est souvent à vouloir aller vite que le sculpteur casse l'aile d'un ange.
– Casser l'aile d'un ange, c'est un coup à se la prendre et se la mordre.
– Pardon ?

J'aurais ta gueule, je picolerais.
– Non, mais je vous en prie, monsieur, en plus je ne vous permets pas de me tutoyer !
– Je voudrais pas qu'on me tutoie, je picolerais.

Icare s'est trop approché du soleil, résultat, il a fallu aller le chercher en hélicoptère.

On ne sait pas domestiquer les orages, parce que sinon, je les prends pour éponger la flotte !

L'accouchement humain, c'est pas grand-chose, comparé à l'hippocampe.

Les animaux peuvent avoir envie d'une Mobylette, ils ne savent pas ce que c'est une Mobylette mais ils peuvent en avoir envie, nous-mêmes des fois ça arrive, on a envie de choses qu'on ne connaît pas comme l'inconnu par exemple, de ce point de vue, on n'est pas lointain des animaux, dans les envies.

Les Serbes se déguisent en casques bleus pour faire sortir les gens et ils les fusillent sur la route !
– C'est la guerre.
– Y a des lois !
– On aime bien quand Bourvil se déguise en Allemand, alors c'est pareil...
– ?

Le vélo, c'est de la marche à pied, mais avec des roues.

Est-ce qu'on peut inventer encore ? Moi je réponds, ça dépend quoi.

Wagner, ce sont des opéras qui ont quatre roues motrices.
– Euuuuuuuuh...

La trompette, bonjour les oreilles !

Je bois mon RMI parce que je n'ai pas tellement faim.

Les concerts en plein air, les chauves-souris vont dans les trompettes.
– La nuit.
– Bien sûr la nuit.

... Une fourmi toute seule dans le buffet, toute seule, sans doute peut-être un vieux mâle...

... tout le pot de confiture y est passé en offrande à la fourmilière, pensez que les fourmis maintenant, elles l'ont repéré le gamin !

La bombe était posée par terre, les gens ont eu les jambes arrachées.
– Eh ben... avant les vacances, c'est pas le moment.

Je ne prends jamais le métro, je prends le bus, il n'y a jamais eu de bombe dans le bus.
– Jamais ?
– Jamais... pas dans le 74 en tout cas.

Les enfants sont imprévisibles, ils vieillissent et puis ils meurent.

Même pour poser une bombe, tu me feras pas prendre le métro à cette heure-là...

Une course de Mobylette juste devant la maison, mais vous auriez vu le bruit, vous auriez vu le bruit !
– Vous auriez dû en profiter pour partir faire une balade.
– Certainement pas ! Je suis pas une Bosniaque qu'on déplace comme ça !

Quelqu'un qui tue un enfant, pour moi, j'hésite pas, c'est la peine de mort, et diffusée à la télé à une heure de grande écoute pour dissuader, c'est à l'heure de grande écoute que tous les malades mentaux regardent.

Quatre morts et je sais pas combien de blessés, une bombe en plein dans le RER, ils ont soigné les blessés au café qui fait l'angle.
– Ç'aurait été une boucherie-charcuterie...
– Ils seraient allés plus loin !
– Oui, comme quoi des cafés, y en a pas de trop.

Ils ont mis une bombe, ils en remettront une autre.
– Sans moi, je pars demain.
– Ah c'est bien.
– À La Baule.
– Ah c'est bien.
– C'est pas à La Baule que les Arabes mettront des bombes, ils savent même pas où c'est.

C'est les Arabes.
– Ou les Serbes.
– Ou les Serbo-Arabes, y en a.

Je suis pas plus raciste que les autres racistes, je suis raciste pareil, c'est bien la preuve que je ne suis pas raciste.

Les épines qu'ils lui ont mises autour de la tête, c'était un coup à donner le tétanos au Christ.

Je lis la première phrase du livre, si ça me plaît pas, j'arrête, la première phrase du livre c'est la première bouchée d'un plat, c'est pas parce que tu vas finir ton assiette que ça sera meilleur, un livre avec les premières phrases de tous les autres livres, sans me vanter, ça me suffirait.

L'été, avec les fenêtres ouvertes, on a les moustiques et la télé des autres, comme au Sénégal.

Plus les maisons sont moches, plus le son de la télé est fort.

La télé, même si c'est de la merde, je regarde, la lecture si c'est pas bien je lis pas, ah non, la lecture, je lui fais pas de cadeau !

Après la tournée des plages, même un grand chanteur comme Patrick Bruel il a du sable dans la raie du cul.

Ce sont surtout les homosexuels qui ont la moustache, comme quoi la moustache, ça veut plus rien dire.

Elle est enterrée dans le petit cimetière derrière l'église, elle a donné son corps à la commune, au fond...

La télé, tu peux poser des fleurs, le cinéma, tu peux rien poser dessus.

Les livres qui ne se vendent pas sont détruits.
– Et les écrivains ?

Même après la mort, le coureur continue à pédaler, ce sont les nerfs qui se relâchent, les muscles ont tellement l'habitude de pédaler qu'ils continuent plusieurs heures après l'arrêt du cœur, si si si...
– Pour l'enterrement...
– Pour l'enterrement, les jambes sont endormies.

... J'ai de bons rapports humains qu'avec les animaux.

Chef d'orchestre, t'es tout le temps debout.

L'oiseau marin, c'est pas tellement normal comme oiseau, il a des plumes, il vole et il mange du poisson, là ça va pas, le poisson il a des écailles, il nage, il ne mange pas d'oiseau, là ça va, chacun sa place, de toute façon l'oiseau marin va disparaître, d'ici vingt ans c'est fini, on pourra se promener sans se faire chier dessus, de la merde pleine de poisson sur la tête, on n'est pas des pêcheurs, le pêcheur peut s'attendre à en recevoir, pas le promeneur, bref l'oiseau marin arrête de manger du poisson et va chier plus loin, dans ces conditions je vais à la mer, sinon moi c'est campagne, campagne, campagne...

Une mouche qui vole dans la boutique, devant les clients, pour nous qui vendons des fromages, c'est comme avoir un fils en prison.

Le prématuré aime moins sa mère puisqu'il est resté moins longtemps dedans.

L'eau de Vichy est salée parce que c'est de l'eau de source qui est puisée dans une mer souterraine.
– On n'en vend pas ici, monsieur.

Le plus grand danger des autoroutes de l'information, une fois de plus, ça sera pour les hérissons de l'information...

La montagne, la campagne, ça vieillit, la mer ne vieillit pas, l'eau est toujours jeune, les générations de marins qui sont passées dessus l'ont pas ridée de ça, pas de ça, la mer, elle a pas pris de l'âge, pas ça d'âge, elle est hors d'âge, comme le bon armagnac...

Sur la Côte d'Azur, on voit plus que des gens de la télé, à force, c'est pas très bon pour le tourisme...

Saint-Tropez, l'été, c'est là que t'as le plus de merdes de stars au mètre de tuyau.

Le tout-à-l'égout, c'est de la science-fiction pour moi.

Il ne faut quand même pas être très intelligent pour lire de la bande dessinée, vous avez le dessin, et au-dessus, le texte dans une poche, comme un anus artificiel.

On meurt, tout de suite les asticots sont là.
– C'est la plus proche famille.

Il était là où vous êtes, il dormait, la tête posée sur son sandwich.
– Ça ramollit le comptoir.

Y a que les putes et les poules qui font de la bouffe avec leur cul !

Les présidents de la République ont pas le droit de se faire incinérer.
– Ils ont pas le droit, il faut que les os restent là, pour qu'on les retrouve si on les cherche.
– On s'en fout des os !
– Plus tard, pour les archéologues.
– Ils cherchent des assiettes.
– Si t'as un os de Mitterrand à côté de l'assiette, l'archéologue va pas cracher dessus, ah non !

Adjani, ça peut faire un nom de fromage, pas Clint Eastwood.

Il est piqué une fois, deux fois, dix fois par ses abeilles, il finit par rien sentir, il est immunisé, ou alors c'est les abeilles qui continuent à piquer pour obéir à la reine mais elles mettent de l'eau distillée...

Une goutte de sperme au microscope, c'est pire que la place de la Concorde aux heures de pointe, c'est dans une goutte de sperme qu'il faudrait faire passer le permis !

Vous allez pas danser ?
– Au bal on se fait bousculer et on s'ennuie comme en haut d'une herbe.

En Chine, les femmes ont droit qu'à un enfant.
– C'est trop.

Chanter, avec une chaleur pareille...
– Ils ne chantent pas, ils sifflent comme des bouilloires.

On n'a pas besoin d'humoriste, on est très bien comme ça dans le village.

Je ramasse mes pissenlits au bord de la nationale, moi plus ils me construisent de routes et plus je trouve des pissenlits, alors forcément, je dis merci aux travaux publics.

Ah non ! Le derrière n'est pas un sexe !

L'endroit le plus silencieux du corps humain, c'est sous les bras.

Un homme qui meurt jeune perd automatiquement sa retraite, l'État se met l'argent dans la poche.
– Il faudrait se faire enterrer avec sa retraite, comme les Égyptiens.
– Mais oui, après tout, non ?
– Si bien sûr.
– Haaaaaa...
– Oui.

C'est logique.
– La logique, moi...

Les riches aiment pas les enfants, ils en font pour partager le pognon.

Ils font exploser la bombe atomique à mille mètres sous terre, un kilomètre, comme d'ici au pont.
– C'est vachement près.

C'est pas la peine de dépenser des sous en voyage, pour lui les meilleures vacances, c'est une couille qui dépasse du short.

Une explosion souterraine, ça risque rien.
– C'est ça, c'est ça, voyez la station Saint-Michel.

Chez les intellectuels, on voit les côtes.

Le film dure trois heures.
– Trois heures ?
– Trois heures.
– Un film qui dure trois heures, si ils servent pas à bouffer, j'y vais pas.

... Un film qui dure trois heures, faut que le cinéma fasse train, sinon...

Les intellectuels s'écrivaient, maintenant ça se téléphone, un jour ça se tapera dans le dos sans parler, comme les manuels...

La prochaine fois qu'il met une branlée à sa femme sur le palier, je fais comme l'ONU, j'y vais pas.

Une chaleur pareille, ça tape sur la tête.
– Mettez un chapeau.
– Je suis pas fou à ce point-là !
– Tout le monde que je vois depuis ce matin est ramolli.
– C'est le musée Grévin qui est descendu au camping.
– Mettez un chapeau.

Ce sont des femmes qui louent leur ventre...
– Moi quand j'étais dans ma mère, j'ai rien payé.

Tu dis le texte à haute voix, l'ordinateur le copie sur l'écran, tu le poses au milieu du repas de mariage, t'as la disquette du mariage.

Dans la merde des amoureux qui ont bien mangé, on retrouve quelques mots doux.

Aujourd'hui, tout le monde écrit des livres, et pourtant, on n'en lit pas.
– C'est plus fait pour ça.

Il chante à la télé mais il y est pas, pendant qu'il chante, il est en train de manger des huîtres au bord de la mer, c'est la magie du pas direct.

Y a le feu au soleil !

À l'aller, je me suis fait piquer par un moustique, au retour, je vais passer par le même chemin pour l'engueuler.

La bombe, c'est triste, la fausse alerte, c'est énervant.
– C'est physique et l'autre c'est psychologique.
– Comme le mal de dent.
– Pire !
– À toutes les dents.

Un mec tout le temps bourré qui boit du déca, je comprends pas.

Le néant, c'est rien, en beaucoup plus grand.

La danse classique, pour moi c'est pas de la danse.

Chirac, c'est une sorte de De Gaulle en plastique.

Ça va s'envenimer et ça finira qu'on aura une guerre mondiale à deux heures de Paris, vous verrez.
– Parlez pas de malheur !

Le comptoir, c'est l'horizontale parfaite, dans une ville c'est la référence pour tous les maçons.

Moi, la semaine prochaine, je vais à l'enterrement d'un copain.
– Ben, comment tu le sais déjà ?

Je serais la poussière, putain, j'irais pas sous les meubles, j'irais dessus !
– Évidemment, t'es savoyard.
– Même...

Papin, il a les pieds carrés.

Ils taxent l'alcool, sachant pertinemment que c'est avec ça que les pauvres accompagnent leur nourriture !

Y a du touriste cette année ?
– Vous êtes le seul, alors il va falloir boire.

Il y a plein d'homosexuels chez les canards.
– Et vous les mangez ?
– Bien sûr !

L'endroit où il y a le plus d'intelligence, c'est pas à la bibliothèque, c'est dans le potager.

Qu'est-ce que j'ai mal aux dents...
– Faut faire comme Raspoutine, guérir le mal par le mal.
– ?

Cite-moi un seul livre intéressant, un seul !
– ...
– Tu vois, y en a pas.

... On devrait avoir le droit de toucher les sculptures dans les musées, mais c'est sûr que tout le monde touchera la bite à Hercule comme le chanteur dans le cimetière, je sais plus son nom, tout le monde lui touche la bite, tout le monde, tout le monde, pas moi, il faudrait avoir le droit de toucher les sculptures mais pas les statues, dans ce cas-là, dans tout le domaine des sculptures il n'y a que les statues qui ont une bite, une sculpture avec une bite est une statue, c'est même une définition, dans un sens...

Depuis que j'ai perdu une bague dans l'herbe, moi, la campagne, plus j'entends les tondeuses, plus j'ai de l'espoir.

Les légumes, on touche avec les yeux, mais c'est le seul cas.

C'est à Paris qu'on avait la guillotine, alors normalement c'est à la mairie de Paris de dire oui ou non à la peine de mort, on fait voter les Parisiens, et si l'exécution était à Marseille, évidemment c'est aux Marseillais de voter, à Lille aux Lillois, à Lyon aux Lyonnais, c'est celui qui a le sang intra-muros qui a le droit de parler, non ?

À Tahiti, à part le gel bain-douche, comme industrie...
– Comme à Dijon, le cassis...
– ... t'as rien.

Le bouddhisme, on le fait surtout dans l'Himalaya, c'est là-bas que tu trouves le meilleur bouddhisme.

Bouddha, tout ce qu'il sait faire c'est bander, tu parles d'une religion...

Conforama, c'est pas comme la chambre à Robert, tout est rangé et tu trouves rien alors que la chambre à Robert, c'est le bordel mais tu retrouves tout.
– C'est pas Conforama, c'est Castorama.
– Oui, Castorama, au temps pour moi, qui est rangé mais on trouve rien.
– C'est pas pareil.
– Castorama, tous les outils sont attachés avec des chaînes pour pas la chourave, on dirait une prison.
– Mais arrête de dire du mal des magasins comme ça !
– ?
– Le jour où y en aura plus, où t'achèteras des vis ?
– ...
– À Banyuls !

Hiroshima, cinquante ans après, tout est reconstruit, on pourrait presque remettre une bombe si on voulait.

Ils ont fait la bombe de la taille d'Elvis Presley, mais il était pas encore gros comme à la fin de ses jours.
– À la fin, il mangeait que des gâteaux et des bonbons.

Hiroshima, Nagasaki, c'est plus de la science que de la guerre au fond...

Les gens près de l'explosion ont fondu.
– C'est mieux que d'être paralysé.

... Pareils les défoliants du Vietnam, c'est comme un automne chez nous au fond...

Cent quarante mille morts en dix secondes...
– Comme quoi... on n'est pas tous logés à la même enseigne.

Ils ont six doigts aux mains, de père en fils, c'est une maladie qui se transmet, de père en fils, quand ça travaille pas bien à l'école, ça donne des claques à six doigts, et y en a d'autres qui naissent sans les bras, de père en fils, c'est une maladie qui se transmet, alors là c'est le pied au cul, si vous avez les deux maladies dans la même classe de cancres, ça fait des punitions qui changent un peu de l'habitude...

Non, la fin du monde, c'est pas en 2000, c'est en 4000.
– Faudrait savoir !

Si on pétait qu'une fois par an, ça deviendrait une fête de famille.

Dalida n'est pas morte, elle vit dans son frère.
– Elle habite où elle veut.

Vous trouverez pas plus propre qu'une bulle de savon.

Il vend des pointes de flèches préhistoriques, 120 francs.
– 120 francs ! Y a pas beaucoup d'hommes préhistoriques qui pouvaient se payer ça.

Les Serbes ont fait des crimes contre l'humanité contre les autres, et après c'est les autres qui ont fait des crimes contre l'humanité contre les Serbes, ça fait un crime contre l'humanité partout...

Le tabac, c'est pas assez cher, ça serait que moi, je le mettrais à cinquante balles, c'est du luxe, comme le parfum, ou les bijoux, c'est pareil c'est du luxe, je les mettrais à cinquante mille balles les bijoux si c'était que moi !

Une fois par an, toute l'Afrique sent l'éther parce que c'est le jour de la vaccination.

... les crimes contre l'humanité, tant que c'est pas contre nous...

L'alcoolisme est une maladie.
– Une maladie, une maladie, on tousse même pas.

La France est le plus gros fournisseur d'armes dans le monde et le plus gros fournisseur d'abbés Pierre, on est vraiment des faux culs !
– L'abbé Pierre, c'est un fouteur de merde payé par l'État.
– Mais bien sûr ! Il va en Yougoslavie quoi foutre ? Vendre des armes, qu'est-ce que tu crois ?!
– Il a des sandalettes à chenilles cet enfoiré.
– Mais bien sûr !

Les mecs qui mendient dans la rue, qu'ils fassent comme nous, qu'ils aillent mendier à l'usine !

Tous ces mendiants... ils vont finir par se mendier entre eux...

Les clochards sont français, alors que les mendiants, on sait pas trop ce que c'est.

Avant, pour te réfugier, tu allais chez le voisin qui habitait en face, aujourd'hui, pour un réfugié, c'est minimum huit cents bornes !
– Ils le veulent bien, va, ils le veulent bien...

Je vois pas pourquoi on a fait des essais atomiques, de toute façon si c'est la guerre, on attendra les Américains.

Je prends jamais l'avion, déjà qu'on sait pas comment ça vole, je vais pas rajouter du poids !

L'avion, c'est plus lourd que l'air et ça vole, on va pas demander l'autorisation à l'air pour voler, non mais et puis quoi encore !

Sur toutes les couvertures des journaux t'as une tête qui rit, on voit bien qu'ils se foutent de notre gueule, quand on passe devant le kiosque, toutes ces dents, toutes ces dents, toutes ces dents !

Il parle tout le temps en mâchant du chewing-gum, on dirait qu'il grave un disque.

Chirac il est bête, dans le sens où il croit qu'on est des cons.
– Mitterrand, il croyait qu'on était intelligents.
– C'est pas mieux.

Traverser tout le camping pour aller aux toilettes, ça fait un peu Sarajevo.

Une femme, elle boit un verre, elle est tout de suite saoule, en principe, elle est pas faite pour ça.
– C'est pas la même morphologie.
– Une morphologie qui boit beaucoup, c'est le postier.

Les Grecs
faisaient de
la philosophie
dans la rue
mais ils
avaient
le beau temps.

C'est pas
grave de dire
des conneries
si personne
écoute.
– …
– …
– …

La télé,
t'allumes, y a
toujours
quelqu'un,
comme avant
la concierge
quand tu
rentrais tard.

Un sanglier blessé, il est pas pire que si tu rayes ma bagnole.

Marcassin, petite boîte,
sanglier, grosse boîte.

Personne m'aime.
– Mais non.
– J'aime personne.
– Mais non.
– Je sers à rien.
– Mais non.
– Je serais pas là, c'est pareil.
– Mais non.
– Si je meurs tout le monde s'en fout.
– Mais non.
– Tout le monde sera content.
– Mais non.
– Tu peux me prêter quatre mille francs ?
– …
– Personne m'aime.
– Mais non.

Vivagel bien sûr !

Le cerveau humain fait 1 400 cm^3.
– Moi je préfère la moto.

À pied, on peut faire le tour du monde alors qu'en voiture, on n'aurait pas l'idée.

La grotte de Lascaux, c'est un atelier d'artiste de l'époque mais sans la mezzanine.

Ma mère me mangeait la tête, je m'empoisonnais les idées, pour qu'elle crève.
– …
– Oui, c'est vrai.
– ... on y va ?

« L'Angélus » de Millet, aujourd'hui, c'est tout construit.

Tu me passes mon verre...
– Ho, tu serais sur une île déserte, faudrait bien que tu te débrouilles tout seul.

Les ongles des pieds sont beaucoup plus proches de la nature que les ongles des mains.
– Bof…

Même dans mes rêves, je ne sors pas de la capitale...

Ils ont qu'à manger leurs enfants si ils ont si faim !

Les animaux sont pas comme nous, ils restent pas chez les parents jusqu'à vingt-cinq ans.

Les gros nichons, c'est que de l'eau.
– Aucune idée.

Tous ces morts sur les routes, au fond, ça fait des appartements de libres.
– !
– Quand vous mangez le lapin, vous mangez pas le terrier, non ?
– C'est des élevages, les lapins n'ont plus de terriers.
– Comme les gens.

Faut espérer qu'un terroriste aura pas l'idée de mettre une bombe dans le cartable de son gosse pour le jour de la rentrée.
– !
– !
– !

Claire Chazal, elle picole, on voit bien à sa peau, elle a beau mettre un kilo de crème, elle granule la pauvre, elle granule...

... je vois pas tellement un terroriste manger un yaourt, je vois pas tellement ça...

Tout le monde n'a pas le cancer, moi par exemple, je mange beaucoup de salade et je ne l'ai pas.
– C'est facile pour vous, vous avez un jardin.

Les gens savent pas reconnaître deux champignons, ils sont tout le temps chez le pharmacien avec le panier, et c'est à eux qu'on demande de reconnaître un terroriste qu'ils ont vu deux secondes dans le métro !

... avec son grand nez, il boit comme un fourmilier...

Ah là là, la guerre,
c'est pas la
manufacture des
plumes et duvets !

L'autre jour, je servais, y en a un qui entre et qui demande un verre d'eau, un verre d'eau, je lui donne, il le repose et il me dit que l'eau est trop froide et qu'il faut réchauffer un peu l'eau, ah bon, l'eau elle est trop froide, je prends le verre, clac, je le verse dans l'évier, elle est pas bonne mon eau, voilà que je lui dis, et il est parti le gars en faisant les yeux comme ça.

– C'est pas une obligation de donner un verre d'eau.

– C'est une autorisation, mais pas une obligation.

– C'est pas obligé.

– C'est ça.

– C'est autorisé.

– C'est autorisé, mais pas obligé.

– Tu peux si tu veux mais t'es pas forcé.

– T'as le droit, mais personne peut t'obliger.

– C'est ça, le droit existe, mais t'es pas obligé.

– Si le client est poli et tout...

– T'as le droit, si tu veux bien.

– C'est pas dans le marbre, c'est une convention.

– Selon le pékin.

– C'est à la gueule du client mais pour la bonne cause.

– C'est ça.

– Un Yougo.

– Ceux-là, en ce moment, y se croient tout permis.

– Avec leur génocide, ils ont pris la grosse tête.

Quand tu fais l'autopsie de quelqu'un, c'est une vraie fête foraine là-dedans !

Les instituteurs se font sauter le crâne avec le fusil de chasse et les institutrices prennent des cachets, délicatesse oblige...

Une bombe dans le métro, non, mais bon, encore tout le monde prend pas le métro, mais dehors, tout le monde va dehors, là non !

On donne des cachets pour calmer les fous, c'est la camisole chimique, si tu en prends pour dormir, attention, c'est le pyjama chimique, attention !

Ils peuvent crever les fonctionnaires !

Elle s'est approchée de la cuisinière et pof, elle a brûlé dans sa robe de chambre, elle était bien tranquille à la maison et d'un coup pof, elle prend feu dans sa robe de chambre !
– Il faut se méfier des robes de chambre.
– J'ai une robe de chambre à la maison, ce coup-ci, c'est fini.
– On ne se méfie pas d'une robe de chambre.
– Je vais la donner.
– Le molleton, c'est un nid à danger.
– Un fétu de paille, il paraît.
– On regarde ailleurs, et c'est trop tard, on est tué par sa robe de chambre.

Le ventriloque parle
avec le ventre.
– Moi mon ventre, il
a autre chose à faire.

Payer un mec pour
qu'il parle avec le ventre,
ben merde...

Proust, moi je dors.

Qu'est-ce que je
ne vous aime pas,
madame Tachau,
quand vous êtes
de mauvaise foi !

Une couille sur la tête,
si le couturier invente ça,
Claudia Schiffer est
obligée de la mettre sur
sa tête la couille, si c'est
ça la mode... si c'est ça...

*... je ne m'ennuie
jamais, j'ai de la
merde dans la tête,
et on ne s'ennuie
jamais aux cabinets...*

*Quand tu fais
du vélo, finalement,
qui c'est qui
travaille ? Les
jambes et le trou
du cul.*

...Sûrement,
sûrement, sûrement,
c'est sûrement ça, il
répare sa sonnette...

*Ça va bientôt faire
deux mille ans que
Dieu a pas fait de
gosse, ben dis donc,
si y avait que lui,
ça ferait pas
beaucoup de bras
dans les usines !*

... moi je suis
toujours bien
coiffée, à cause
des caméras de
surveillance...

Attention ! Y a gramme...

... C'est pas des vrais grammes comme dans le commerce, puisque c'est des grammes dans le sang, dans le sang, tout est différent, tu manges du bifteck, ça passe dans le sang mais t'as pas le bifteck qui flotte dans le sang, il a changé de forme, l'alcool c'est pareil, tu as pas le pastis qui passe comme ça dans le tuyau, et le vin c'est encore meilleur comme exemple puisque c'est du rouge dans le rouge, pour le retrouver celui-là, c'est un poisson rouge dans le jus de tomate.

... et gramme.

0,5 gramme d'alcool dans le sang, ça équivaut à deux verres de vin au repas.
– Deux verres de vin ? Putain, en plus si t'en renverses un, y t'en reste plus qu'un !

À la visite médicale, avec mes globos, je vais l'avoir dans le cul pour mon papier... sûr.

Quand tu es vivant, tu as envie de vivre, quand tu es mort, tu as envie de mourir, ah si !
– Bof.
– Ah si, merde, si !
– T'es bourré.
– Ah non ! Si ! Et j'ai envie de boire, alors tu vois !
– Bof.
– Merde.
– Je me tire, salut.
– ... connard.

Les baobabs font des ombres immenses pour trois Noirs qui meurent en dessous alors que dans le sud de la France, vous faites des kilomètres au milieu des embouteillages pour trouver un peu d'ombre pour la caravane parce que les arbres sont comme mon petit doigt, les ombres c'est pas mieux que les hommes, c'est aussi mal fichu !

Je veux plus qu'il rentre ici avec son chien !
– Le vieux chien ?
– Oui, son charnier à pattes, il le laisse dehors.

... tout le temps, il me dit que je suis con, cent fois par jour, ça va finir, je le croirai plus...

C'est un arbre qui est devenu fou, place des Ternes, pas loin du théâtre de l'Empire, en bas, un marronnier avec quatre branches qui partent du tronc, trois normales qui font l'automne, elles perdent leurs feuilles, et une avec les feuilles vertes et des fleurs, c'est la première fois que je vois ça.

Jésus reviendrait, il aurait une bagnole.

C'est de la folie, que deux verres avant de conduire.

Le bordel qu'on foutait à vingt ans, la musique à fond toute la nuit, aujourd'hui, je m'enverrais les flics.

Certaines peuplades mangent leurs morts.
– En parlant de ça, ça fait des années que je suis pas entré dans un cimetière.
– Si t'étais dans une peuplade, eh ben, t'aurais pas mangé un mort depuis des années.

C'est pas les Pakistanais qui mangent les morts ?
– Non... on aurait vu des reportages...

Pendant l'enterrement, ils pleurent, ils marchent sur les fleurs...
– En France, c'est interdit.

Tout ce qui est vélo me passionne.
– Même le phare ?
– ?

Les émissions avec Joe Dassin sont mieux faites depuis qu'il est mort.
– Et Dalida ?
– Ah non, elle avait une présence, cette femme, que mort ça remplace pas.

Il faut saisir la balle au bond.
– Qui ?

L'homme, c'est de la chair alors que l'animal, c'est de la viande.
– Pas la chair à saucisse.
– Non, ça, c'est de la chair de viande pour les tomates.

Économiquement, on n'est pas un grand pays, on n'a que du vin à boycotter.
– Encore heureux qu'on a ça !

La Terre, vue de l'espace, tu crois que tu peux tout bêcher dans l'après-midi.
– Et puis ?
– Et puis non bien sûr !

Hoooooooooooooo... déjà ! T'es tombé du lit ?

L'accordéon, c'est pour les cons.

La vie quotidienne des pauvres, ça commence le lundi et faut tenir avec la même pour toute la semaine.

Le corps humain, si tu regardes comment c'est fait, techniquement c'est une merveille.
– C'est une merveille, mais on n'a quand même pas un grillon dans le cul.

Les mecs de la navette regardent même plus la Terre tellement on leur fout du boulot sur les reins.
– Tu voudrais pas les géraniums au hublot non plus !

Je comprends pas comment la femme elle arrive à avoir un bébé dans le ventre, et pas le digérer.
– Toi, pour penser à ça, c'est que t'as faim.

Le môme, seize ans, douze morts.
– Il est devenu fou, il a pris son fusil, il est allé jusqu'au village à six kilomètres.
– Il aime les chiffres ce môme-là…

… elle a un bébé dans le ventre et moi je dors dans mon camion, c'est pas tellement différent, au fond, surtout qu'on habite au bord de la grande route, la nuit, avec le bruit c'est pareil…

Du sang partout dans les rues, et comme les rues sont pas larges, ça fait encore pire à regarder…

Les bébés animaux ne tuent pas leurs parents, ou alors des petits serpents qui piquent en tétant, mais c'est pas exprès…

Un gosse de seize ans qui tue sa mère, dites donc…
– À coups de marteau.
– C'est horrible, quand on y pense, sa propre mère…
– C'est comme si elle meurt des complications de l'accouchement, mais seize ans après…

Un adolescent qui va se suicider, moi je le vois à l'état de sa chambre.
– C'est le bordel.
– Non non, c'est bien rangé.

Quand vous voyez toutes les armes en vente libre, et les fusils, et les carabines, c'est normal que les jeunes finissent par s'en servir, même Chirac, vous lui donnez une bombe atomique, il s'en sert…

Bonjour, glandeurs
et décadence !

Les médecins, il faudrait les obliger à être malades une fois par an, pour leur remettre un peu les choses en place.

... Une place de stagiaire à quarante piges...

La conversation, c'est secret !

Deux demis ? Pas trois ?
– Deux ! Je suis expert-comptable, alors je sais ce que je bois tout de même !

IBM, à l'époque, c'était le nom d'un Indien.

Combien le journal ? Cinq francs ? Ça vaut pas bien cher tout ce qui se passe dans le monde.

Les poils du cul, ça pousse comme de l'herbe mais ça fait pas des fleurs.
– C'est pas un endroit pour les abeilles, merci bien !

Les médecins, quand on leur retire de l'argent, ils parlent, ils parlent, moi, quand à l'hôpital on m'a retiré mon kyste, personne m'a rien dit.

Moi je l'ai mon brevet !

... J'ai les oreilles saoules...

Le footballeur est moins intelligent que le rugbyman, le rugbyman est moins intelligent que le tennisman, le tennisman est moins intelligent que le golfeur, c'est le seul qui a un pantalon long.

Chirac, il était en short avec ses chaussettes...
– Ça promet.

Les atomes se rebondissent dessus, c'est ça la bombe.
– Les guêpes, j'ai déjà peur.

Moi, je suis fidèle à rien, même l'été, je me fous plus au soleil.
– T'es tout blanc.
– C'est ce que j'explique.

Marivaux, c'est à deux doigts du porno des fois...

Une bombe atomique sous terre, par rapport à un volcan qui explose, c'est rien.
– Alors on n'a qu'à dissuader l'ennemi avec des volcans !
– ...
– On leur fout des volcans sur la gueule.
– ...
– Et c'est tout.
– Hé dis donc, on n'est plus en 68 !
– ?

Des papiers partout dans les bois...
– Pas les amis marcheurs ! Pas les amis de la nature !

Cinquante mètres tout autour d'un bistrot qui marche bien, l'air est plein d'alcool, alors si tu veux prendre ta voiture, il faudrait pas respirer dès que tu passes devant un café ! C'est encore plus dangereux, ah oui !

Dès que j'ai des soucis, je me fais des cheveux blancs.
– Moi je me fais du mouron.
– T'as raison, ça pousse pas sur la tête.

La radio, c'est surtout bien pour les aveugles.

Dans l'Alaska des pionniers, tu pouvais pas faire un mètre sans tomber sur une merde.

Ah, moi, je n'aime pas la musique trop fort, ça n'est pas très normal d'écouter la musique trop fort, est-ce que les images sortent de la télé quand on appuie à fond sur le bouton, non, la musique trop fort, c'est de la musique qui sort, il faut que la musique reste à l'intérieur de la musique, c'est pas fait pour aller repeindre les cabinets, non ?

Dans les défilés de mode, ils sont bien habillés mais attention, il faut voir les ongles sales !

À son école, ils étudient l'escargot.
– Après, on s'étonne que les études sont longues.

Les danseurs classiques, ça leur fait une grosse boule aux couilles, et ça c'est plutôt moderne.

Si je suis enlevé par un extraterrestre, moi je veux conduire.
– C'est ça, c'est ça...

Il écrase la patate avec la fourchette parce qu'il a pas de dents, il mange un peu comme une pelleteuse...

Moi je vais l'acheter cette vidéo, on voit l'autopsie d'un extraterrestre.
– Tes cassettes porno, ça te suffit plus, y te faut des autopsies d'extraterrestres toi maintenant ?

Les guerres arrivent souvent dans les pays où il n'y a pas de tradition gastronomique.
– Exemple ?
– Exemple ? Tenez, la Yougoslavie est un bon exemple, voyez la cuisine, voyez la guerre...

Les vedettes se marient entre elles, c'est pour ça que ça fait des enfants anormaux.

Eh ben, les artistes qui font la grève de la faim, eh ben, t'as vu la bombe qui est tombée sur les gens dans Sarajevo, eh ben, ça sert pas à grand-chose leur grève de la faim, eh ben, c'est le moins qu'on puisse dire...
– Y en a un qui a dû manger en cachette, c'est pour ça que la bombe est tombée...
– Eh ben, c'est sûrement ça.

Greenpeace, ils sont courageux d'aller avec leurs petits bateaux là où il y a la bombe.
– La bombe, elle est pleine de moules.

... il a une couche de gras comme ça, on pourrait y foutre des marmottes a dormir...

Sanson-Palmade, c'est genre café-calva, le couple.

Le sportif a pas le cerveau comme nous, il a plus de moelle épinière dedans la moelle du dos, la moelle qu'on a dans le dos, c'est ça qui fait courir.
– ?
– Enfin, je crois, je suis pas spécialiste.

Chirac, quand il mourra, on va pas l'empailler celui-là...

Avec Internet, tu peux parler avec des millions de personnes dans le monde.
– À table, on est quatre, c'est déjà le bordel.

Le pitbull, c'est une arme, tu lui enfonces une cartouche dans le cul, il attaque tout le monde.

C'est le nouvel apprenti.
– Eh ben...

Même si tu te lèves tôt, le Loto, t'es pas sûr de toucher, c'est la chance.

Le franc ça monte, ça baisse, heureusement que le mètre carré est pas en Bourse comme le franc, sinon un jour t'as ton appartement qui rétrécit de moitié face au mètre carré allemand qui fait deux mètres sur trois ! Heureusement ! Heureusement !

Si tu habites une ville qui est dans le dictionnaire, ça fait monter le loyer.
– Nancy.
– Nancy, c'est dans le dictionnaire.

Quand je suis pas dans ma bagnole, je suis rien.
– …
– Si si si si…
– Ah mais je vous crois !

À choisir entre le bac et le RMI, je prends le RMI…

Trois mois de vacances d'été, je saurais plus quoi faire.
– Les profs se suicident.
– Oui voilà, je ferais ça.

C'*est un peu la faute aux campeurs si les terroristes font sauter des bouteilles de Camping-gaz, en tous les cas, on fabriquerait pas des bouteilles de gaz pour les campeurs, les terroristes pourraient pas en acheter, non ? C'est quoi la solution ? On ne va quand même pas interdire la fabrication des bouteilles, et pourtant si, il faudrait ça pour avoir la tranquillité, il faut savoir ce qu'on veut, non ? Non ?*
– Je suis pas ministre.

Alain Prost, même ivre mort, il conduit mieux que n'importe qui à jeun.
– L'alcool a rien à voir.
– Si tu conduis bien, tu conduis bien.
– Évidemment ! Le cerveau est plus intelligent que la picole.
– On conduit avec le troisième hémisphère.
– Ça je sais pas.

Une demi-heure pour boire un demi, pas étonnant qu'il trouve pas de boulot !

Les droits de la femme, c'est les droits de l'homme, mais en plus féminin.

C'est des pièces pour le téléphone ?
– 1 franc, 2 francs, 5 francs, 10 francs, 20 francs, Paris, New York, Singapour, Hong Kong !
– Vitry.
– 2 francs.

À chaque fois, les typhons détruisent toutes les bananes.
– Y a pas de quoi se vanter.

Gaston Monnerville, je lui pisse à la raie !
– ?

Elle se mettra encore de la crème antirides sur le cercueil tellement elle a peur de vieillir celle-là !

Les habitants de Sarajevo, c'est les Sarajevins.
– Sarajevins, c'est pas facile à dire, vaut mieux dire : des morts.

Chirac, pour moi, c'est un président qui a une couille qui dépasse du short.

Heureusement qu'il y a des feux de forêts, sinon t'aurais des forêts partout.

Tu chies dans ton froc devant une mouche, en une seconde sa vie bascule.

On détruit tout pour la bagnole, y a plus de lois de la nature, y a plus que du code de la route...

Greenpeace, c'est que des fils de riches qui se baladent en bateau, Mururoa, Papeete, pour les cons comme nous c'est toujours Bastille-République.

Un café à emporter pour Mumu !

Les paraboles dans les cités, ça sert qu'à recevoir les programmes des télés arabes, tu peux te poser la parabole sur le crâne, c'est un genre de nouveau foulard.

La viande du Limousin, c'est la top top top top top des viandes !
– ?

Le Rwanda, la Bosnie, tout ça c'est de la télé.

Quand on dort, on est comme des bébés, aucun soldat peut tuer un ennemi qui dort.
– Et les bombardements de nuit ?
– Là non, les sirènes réveillent les gens.

Le démineur, faut pas qu'il ait peur, faut pas qu'il tremble, faut y aller tout doux...
– Tu te fais enculer par un démineur, tu sens rien.

Le monde est trop petit pour tous ceux qu'on est, même si on met les rallonges à toutes les tables, il est trop petit.

Y a que pour les mariages que
les gens s'habillent bien alors
que pour les mariages,
franchement, c'est pas la peine...

David Copperfield,
magicien comme
il est, il a dû en
faire disparaître du
pognon !

En Algérie, ils égorgent,
en France,
ils mettent des bombes.
– C'est plus moderne
en France qu'en Algérie,
mais ça, on le savait.

Il faut que
les religions
s'acceptent
entre elles.
– D'où il sort
lui ?

Encore une bombe qui a pas marché.
– C'est bien du travail d'Arabe ça !

J'aimerais bien être aveugle avec un chien d'aveugle puisque avec mes yeux, je suis toute seule.
– Prenez un chien normal.
– Dans l'immeuble, on n'a pas le droit, il faudrait me crever les yeux tenez...
– Mais non !
– De toute façon, ils ont déjà muré le rez-de-chaussée pour nous faire partir, bientôt on aura tous des chiens d'aveugle dans l'immeuble, y aura plus de fenêtres.
– Prenez un chat.
– Un chat d'aveugle, ça n'existe pas, ça vole sur la table pendant que l'aveugle déballe les courses.
– Un chat attaché.
– Un chat attaché, dans un immeuble sans fenêtres, eh bien dites donc, vous êtes pas Mireille Dumas pour les conseils vous !

Leur bombe est pleine de clous et de boulons, et ils ont pas besoin de faire des essais dans le Pacifique, eux, ça marche tout de suite !
– Non, justement, ça marche pas tout le temps.
– C'est vrai.
– Ça leur ferait pas de mal de faire péter des bombes dans le Pacifique aux Arabes.

Si ça a pas pété avant 8 heures, ça explosera plus, les mecs s'arrangent pour que la bombe explose avant les informations de la télé.
– C'est pratique, par un certain côté.

Les fusées ont deux, trois étages, avec une fusée de vingt étages, t'aurais déjà du bordel dans les escaliers.

Chirac, il est buté comme quelqu'un qui boit, c'est un alcoolique.
– Nooon...
– Si, mon mari c'est pareil.

Il est beau ce jambon.
– C'est du fumé au bois.
– On se croirait le soir.

À 3 heures et quart, tout le monde est laid à la télé.
– L'après-midi, y a que des vieux qui regardent.

Barre, on dirait un cul, t'as pas remarqué ?
– Ah non, j'ai pas remarqué... à la télé ?
– Partout, on dirait un cul.
– Ha... tu me le dis, alors je vais faire attention.

On a essayé tous les prénoms possibles, y en a pas un qui va pour une petite fille, avec Grodon derrière.

... tu lui téléphones chez lui à Paris, ça sonne à la campagne, il a mis un renvoi d'appel, comme les Indiens avant.

La bombe atomique tue pas les poissons.
– Eh ben... on est bien gardés...

C'est bien la peine d'aller jusqu'à Monaco pour acheter *Poule d'eau III*.

Dans tout le sud de la France, il y a des étrangers parce qu'il y a des fruits.

L'humour à la télé, ça me fait pas rire, y en a trop, moi quand on me force à rire, c'est fini, je ris plus, je suis pas une boîte à rires, après une journée de travail, je ris si je veux!
– Moi c'est pareil, si j'ai pas envie de rire, vous me ferez pas rire.
– Le rire, c'est une liberté, au fond...
– Ça vaut un bon bifteck.
– Tout ce rire avant manger, après on mange plus.

En Russie, tu trouves des sous-marins partout, ils savent plus quoi en faire, si tu veux un sous-marin, tu vas là-bas.
– Non, ça va.

Un artiste, il a chié dans une boîte et il a vendu ça deux cent mille balles !
– Une boîte ?
– Une boîte de conserve, il a chié dedans, deux cent mille balles.
– Eh ben... c'est pas tellement décoratif en plus.

L'avenir, je préférais celui d'avant.

Les cirques avec des numéros d'otaries, ça doit y aller les coups de serpillière.

Quand tu fais du vélo, tu penses à rien, qu'à pédaler, et encore, c'est pas toi qui y penses, c'est tes genoux...

C'est en Inde ou au Japon qu'ils gardent que les petites filles ?
– ...

Je veux personne derrière mon cercueil ! Pas une fleur ! Pas une mouche ! C'est compris ?

Il veut être enterré à cinq mètres de la source de l'Yonne.
– Putain ! On va avoir du Mitterrand au robinet.

Tiens ? Mitterrand s'est acheté un terrain dans le Morvan pour mettre sa tombe.
– Il est mort ?
– Mais non, il vient d'acheter un terrain d'un are.
– Un are ?
– Dix mètres sur dix.
– Il mesure pas dix mètres Mitterrand !...

C'est de la merde la bombe atomique française, elle est même pas arrivée à fissurer un lagon.

Les laboratoires testent les gouttes pour les yeux sur les poissons de mer, à cause de l'eau salée.
– Autant tester sur des poissons qui en ont besoin, au fond...

La mer, ça me vide la tête.
– ?

Zéro gramme cinq d'alcool dans le sang pour tout le monde, ça veut rien dire, y a des gens qui boivent deux demis ça leur fait rien et d'autres ils sont déjà de travers, ça dépend de la morphologie du gars, la taille, le poids, si il a l'habitude aussi, ça joue, moi quand j'ai eu mon accident pas grave, peut-être, pour quelqu'un qui boit moins que moi, ça aurait été un accident grave.

Après la mort, l'esprit se sépare du corps, mais chez les cons, ça se décolle pas bien.

Les anges sont beaucoup plus cons que Dieu.
– ...
– Ah si !

Le sida, c'est une maladie et il est en pleine forme cet enfoiré de virus !
– Ils sont plus forts que nous.
– Ah oui alors ! Si on était des maladies, on serait tout le temps chez le docteur, en tous les cas, moi c'est sûr.

Les informations régionales, plus c'est près, mieux c'est.
– Les informations des petites régions...
– C'est ça...
– On est davantage concerné.
– C'est ça...
– L'information la plus régionale c'est quand je parle de moi, quand je parle de vous, c'est déjà un peu moins régional pour moi.
– Surtout que j'ai un peu reculé.
– Enfin... tout ça c'est rien... il y a des choses plus graves qui sc passent.
– C'est sûr.

Les pauvres, quand ils sont à l'hôtel, ils font leur lit.

Dans les grands hôtels, si tout le monde utilise la petite savonnette cadeau, tout le monde sent pareil.

J'aime pas ça, j'aime pas ça, j'aime pas ça les cabinets où la lumière s'allume toute seule, et le lavabo quand t'avances ta main ça coule tout seul, et la chasse d'eau, même pas tu tires, ça part...
– C'est le progrès.
– Quel progrès ? J'ai toujours la même bite moi.

C'est bidon.
– Certainement pas ! C'est un extraterrestre qui ne ressemble à rien de connu, il a six doigts.

Ce qui fait la qualité du roquefort, c'est un microbe qui a un goût de bon fromage.

Si tu te noies, ils te remboursent même pas l'hôtel ces enculés d'hôteliers !

Je sens que les os sont contents à l'intérieur quand je mange du fromage.
– Il leur en faut pas beaucoup à vos os !

Les doigts de pieds, c'est une zone érogène, mais c'est chiant, faut se baisser.

L'os du crâne, il est aussi con que n'importe quel os normal, toucher le cerveau ça lui fait ni chaud ni froid, j'habite au-dessus d'une librairie et j'ai pas pour ça la fesse intelligente.

Mais qu'est-ce qu'elle fait sa femme si il a une bonne ?

Cézanne a démonté l'espace.
– Ça se démonte pas.

Chef d'orchestre, c'est chiant, pendant trois heures faut remuer les bras.

Tu entres dans le musée, tu dis, Cézanne, ouvre-toi, et tous les tableaux de Cézanne se déchirent.
– C'est des blagues qui coûtent cher, tes conneries.

Le métier le plus chic au monde, c'est chef d'orchestre, le moins chic, c'est chirurgien des fesses, à mon avis bien sûr.

… avant de passer à l'échographie, il faut enlever les clefs de ses poches…

C'est une maladie qui t'enlève tous les sentiments humains.
– La chiasse ?

Internet, à la limite, je préfère téléphoner.

Quand un peintre peint ta maison, tu peux lui demander du pognon, ou un champ qui est à toi, ta bagnole, ta femme, n'importe, c'est à toi.
– Des bagnoles, c'est rare.
– Pas les peintres américains.

Le sens qui rapporte le moins de pognon, c'est le toucher.

Des souris sur le gaufrier ! Quand j'ai vu ça…

Le magicien, il est magicien sur scène mais quand il rentre chez lui, c'est fini, il a du manger qui est prêt dans la cuisine, juste à faire réchauffer, sa femme elle dort, la magie, la magie, c'est un bien grand mot, et des fois t'as les tourterelles qui sont malades, tu te réveilles le matin, t'en as une qui est morte dans son carton, la tourterelle, elle disparaît dans le vide-ordures, alors la magie, je ferais pas cent mètres pour en voir et si le mec vient en faire directement à la maison, j'ouvre pas, il a qu'à se les faire chez lui ses apparitions de bêtes à puces.

… elle est jamais malade, et ça c'est pas très bon, il faut bien que les microbes sortent un jour ou l'autre, mais non, elle se les garde endormis dedans, comme la vapeur du fer, vous savez, à repasser...

Après du whisky, tu bois un calva, ça fait disparaître les effets de l'alcool.

Les yeux en amande, elle a perdu son mari, hop, les yeux en noix.
– Trop de peine.
– C'est les yeux qui ont pris tout de suite.
– À force de pleurer.
– Les yeux en noix.

Le Christ, même cloué sur la croix, il continuait à parler.
– Fais pas chier, j'ai mal aux dents.

Sucer Freud, moi je l'aurais pas fait.

Je regarde un sac plastique, et ça y est, je m'ennuie.
– Le cuir fait pas ça.

Si l'Afrique faisait partie des États-Unis, t'aurais des girafes de trente-cinq étages.

Les Japonais ont des petits os, c'est mieux pour les typhons.
– ?
– Si, comme les maisons en papier.

On a vraiment une armée, une police hypernulle, le GIGN, des paras, des gendarmes, mille mecs et ils ont pas chopé UN Arabe dans les bois.
– D'autant que les bois c'est pas tellement le style des Arabes en général.
– D'autant plus, oui, les Arabes vont jamais dans les bois.

T'as vu les gendarmes, ce qu'ils lui ont mis au terroriste, boum boum boum !
– J'aurais une broche, moi je t'en fais un méchoui.

Il a été dénoncé, et après, on l'a vu mourir en direct à la télé.
– Quel rapport ?
– Oui... bon...

... Si ça se trouve, c'est un comédien en plus non ? C'est quoi la preuve en plus non ? On voit tellement n'importe quoi en plus non ? On saura jamais la vérité si ? Non ? Si ? Il faut le voir pour le croire, aujourd'hui, c'est le contraire, non ? Tuer les gens à la télé, si c'est comme la météo, non ?

... la vérité, de toute façon, elle est plus tout à fait à sa place, avec le changement d'heure...

On vend des armes à tout le monde, alors pourquoi tout le monde nous vendrait pas de la drogue ?

Toubon, c'est un plouc.

Avec Chirac au gouvernement, ça irait mieux.
– Il y est.
– Ah non, c'est Juppé.

Chirac ne fait pas tellement président de la République, il fait plutôt maire de la France.

Si ils nous suppriment le vin à table, tant pis, on fumera de la drogue avec le bifteck, et ils verront si on est en meilleur état pour reprendre la route avec le camion, ils verront !

Une tribu perdue d'Amazonie, pareil, tu la mets devant un poste de télévision, elle regarde et c'est tout.
– La télé, ça n'épate plus personne.

... le légume dirait, je préfère qu'on me fasse cuire plutôt que rester dans un lit d'hôpital comme les vieux qu'on appelle les légumes, si on me demandait à moi, si j'étais un légume, oui, je sais, ça fait beaucoup de si...

Quand j'aime pas quelqu'un à la télé, je le regarde plus et il est viré.
– Faudrait la même chose avec les politiques.
– Ça viendra.

Quand je vois l'avenir qui se prépare... j'ai pas peur pour moi, mais pour mes enfants.
– Ça sert à ça les enfants, à être tranquille pour soi.

Chirac, à part boire de la Corona...
– Elle est très bonne cette bière.
– Je critique pas la bière.

Les oiseaux migrateurs nous apprennent quasiment rien, alors que baguer des microbes...

Elle sert plus à rien la bombe atomique.
– À dissuader.
– Qui ?
– …
– Qui ?
– Un fou.
– Dissuader un fou ? Bon courage.

La France, dix-septième rang de la compétitivité mondiale.
– Dix-huitième, j'ai rien foutu ce matin.

« Josette Poux », la marchande de lunettes, à côté de sa boutique, c'est une boutique de chaussures, et tu sais le nom de la boutique de chaussures ? « Un dimanche à Venise ». C'est quand même mieux, non ? Moi je serais Josette Poux, je mettrais pas mon nom sur la boutique, surtout à côté du « dimanche à Venise »! Je mettrais « samedi à Venise » pour faire chier l'autre…

Ça a pété cette nuit…
– …
– La bombe atomique…
– …
– Hier soir…
– Rien entendu.

Les quartiers défavorisés sont faciles à reconnaître, y a pas de tuiles sur les toits.

Je suis pas pour la peine de mort mais si on pouvait au moins leur couper une jambe.
– C'est pas à moi qu'il faut demander ça.

T'as vu dans *Gala* la tête qu'elle a ?

… Jamais personne s'appelle Henri dans la science-fiction…

Internet, c'est que du cul.

Vous avez l'âme slave.
– Moi ? Ah bon... je sais pas... en tout cas, j'aime bien les cornichons sucrés.

Il est parti faire les vendanges pour s'acheter un ordinateur.
– Il pourra plus vous reprocher de boire, au moins.

La dernière chose qui nous rapproche de la nature, c'est faire la vaisselle, alors une machine à laver la vaisselle, non merci !

C'est très léger les noisettes, t'en achètes cinq cents grammes t'en as une tonne.

L'avantage du cybermonde, c'est que le jeune reste dans sa chambre.

Moi je vais là où mon chien va.
– Il vient tout le temps ici, votre chien.

L'exposition « Monet en Norvège », au musée Rodin, je l'ai vue... non... pour moi, non... Monet s'est perdu dans la neige... non... là, pour moi... Monet s'est perdu...

Picasso disait, quand y a plus de blanc, je bois du rouge.
– ?

Cézanne, il paraît qu'on lui jetait des cailloux.
– Pas moi, en tous les cas.
– ?

Tu prends la rue du bistrot où on va tout le temps, après tu continues, tu passes devant le bistrot où on va jamais... mais si...
– L'autre con ?
– C'est ça... tu tournes à l'angle, là où on va des fois... le bistrot tenu par des bonnes femmes...
– Chez Janine ?
– C'est ça...
– Moi j'y vais plus, à chaque fois que j'y vais, je retourne plus au boulot.
– C'est ça... tu tournes là, et dans le milieu de la rue qui descend, t'as un nouveau bistrot où je suis tout le temps.
– Je trouverai.
– T'as compris ?
– Je trouverai, t'as bien expliqué aussi...

C'est par rapport aux cuisines qu'on se rend compte de la taille des animaux, soit on les fait rentrer soit on les fait pas rentrer.

Cézanne, quelle pub il a.
– C'est mérité, je trouve.

Tu vois, on se comprend...
– Oui.
– On se comprend...
– Oui.
– On se comprend tous les deux, et toi tu es arabe et moi je suis français, on se comprend.
– Oui, je suis pas arabe, je suis espagnol.
– T'es pas arabe ?
– Espagnol.
– T'es espagnol ?
– Je suis espagnol.
– T'es pas arabe ?
– Espagnol.
– Qu'est-ce que tu fous en France si t'es espagnol ?

Moi j'attends la retraite !
– Quel âge tu as ?
– Trente-cinq.
– Tu vas attendre longtemps.
– Pas plus longtemps que si je travaillais.

... Quand t'as un feu rouge sur les Gobelins, tu les as tous...

Le nucléaire, on en a besoin.
– Moi je suis chauffé par l'immeuble.
– C'est électrique ?
– C'est l'immeuble.
– T'as des radiateurs chez toi ?
– C'est chauffé par le plancher.
– Ah oui alors là, c'est l'immeuble.

Quand il pète, c'est la boîte de Pandore ce mec...

Quand on aime la belon, on s'en fiche du prix de la belon.

Si si, l'atoll est tout fissuré.
– On s'en fout, c'est loin, ça fait des nids à langoustes.
– La bombe a tout fissuré.
– Qu'est-ce qui n'est pas fissuré sur terre ?
– C'est dangereux.
– Pas plus que traverser Paris en scooter, en plus si tu t'éclates la tête, t'as pas des langoustes qui viennent habiter dans le casque, en plus.

Elle a une croix au cou, elle s'est convertie en prison.
– En prison, on se convertit à l'islam.

Le raisin, seul, sans boire, il monte en alcool, alors nous...

Elle peut faire ce qu'elle veut, mais pas mentir à sa mère !

Zéro gramme cinq, moi qui pèse quatre-vingts kilos, je les porte à l'aise.

Plus ça va, plus ils sont jeunes les romanciers qui racontent leur enfance.
– Quand on n'a rien à raconter, c'est tout de suite l'enfance qui trinque.

Pas plus de deux verres, je conduis.
– Quand on boit pas plus de deux verres, on n'est pas chauffeur-livreur !

... dis donc, il est rigolo ton copain.

Deux verres de vin, c'est pas zéro gramme cinq, c'est pas possible.
– C'est ce qu'ils disent.
– Zéro gramme cinq, c'est... c'est... c'est même pas un verre, c'est rien ! Moi, un lendemain de cuite, à boire que de l'eau, je suis déjà plus que ça, alors comment tu veux que je fasse ? Je me réveille dans la nuit, des fois, je suis encore bourré, je fermente anormalement, pour une cuite, il faudrait pas que je conduise une semaine, non mais où ils vont eux, et le camion, c'est pas les gendarmes qui vont l'amener à Marseille le camion.
– Fais-toi un certificat médical.
– Comme quoi je suis tout le temps bourré. T'habites où toi ?

Vous allez à un mariage ?
– Oui, avec les gamins, et après on fait des photos aux Buttes-Chaumont.
– C'est joli les Buttes-Chaumont.
– On est debout depuis 6 heures.
– Ah dites...
– Elle est comment l'église dedans ?
– Jamais mis les pieds.
– Après la cérémonie, je repasserai peut-être boire un demi.. on est debout depuis 6 heures.
– Ah dites...
– Laisse ton frère !… pfi… faut pas que les gamins y me fassent chier aujourd'hui, le mariage, c'est une grande fête pour un couple.
– C'est vous le marié ?
– Ah non non non moi c'est fait y a longtemps... je regrette pas...
– Ils sont à vous les petits ?
– Chaque pétée je lui en mets un !
– ?
– ... recta.
– ?
– On est debout depuis 6 heures... le premier qui se tache avec son chocolat ! Elle est comment l'église dedans ?
– Jamais rentré dedans.
– Parce que si je me fais chier, hop, je reviens ici.
– C'est joli la robe.
– Je vous dois combien… trois chocolats… deux demis… trois, excuse, trois… on est debout depuis 6 heures.
– Ah dites, ça fait tôt…
– Un demi.
– Un autre ?
– Le der, et après, en avant mauvaise troupe !
– Le même ?
– Ordinaire… regardez-moi comme elle a déjà ses petits nichons…
– …
– …Viens ici ! Mais viens… viens…viens… mais viens… viens… elle a peur de moi… viens…
– …
– Quelle andouille…
– Ça va être un beau mariage, dites donc.
– Ah oui !

Dans notre village,
y a personne de connu,
c'est pas nous qu'on
aura un accident de
voiture avec une vedette.

... On l'a appelée
Laura, comme la
chanson de Johnny.

*Le plus grand Buffalo
Grill du monde il est
nationale 20 à
10 kilomètres d'Arpajon.*

On trouve des
chiens, on
trouve des clefs,
on trouve de
l'argent, on
trouve même
des enfants
trouvés, moi j'ai
jamais rien
trouvé.
– Faut regarder.

« Millionnaire »,
on commence
par gratter, et on
finit par rentrer
à la maison.

Descends de là !

Il va falloir
faire des
travaux pour
agrandir, on se
met sur deux
rangs comme
les gnous
maintenant...

*Je préfère encore une
mère moche qui
rentre qu'un père
beau qui est pas là.*

La banlieue,
c'est pas beau, mais
c'est à nous.

Je portais un carton dans la rue et un mec m'arrive en face avec un carton dans les bras, c'est rare de croiser quelqu'un avec un carton sur le même trottoir que toi quand tu portes toi aussi un carton, enfin bref, je le vois qui arrive de là-bas avec son carton et moi j'arrive dans ce sens-là avec le mien, on commence à se regarder avec nos cartons, mais du coin de l'œil comme ça, avec juste un petit sourire, on n'osait pas tellement se regarder franchement, on avait l'air con tous les deux avec nos gros cartons, je sais exactement ce que le mec pensait en venant vers moi, je pensais exactement la même chose que lui, on était tellement les mêmes avec nos deux cartons qu'on aurait pu les laisser tomber sur le trottoir et partir boire un coup comme si on se connaissait depuis tout petits, et finalement non on s'est regardés en coin comme ça en se croisant en souriant un petit peu, lui il est parti dans son coin et moi dans le mien, on s'est fait un tout petit signe de la tête comme des routiers qui se croisent sur la route et ça s'est fini comme ça mais la prochaine fois, je pose le carton, ah si, je te le dis, le client, il attendra, tiens...

Attention, touche pas, les verrues c'est vivant !

J'ai avalé une mouche.
– Deux calories.

Moi, tous les sujets me dépassent.

Dans le troisième millénaire, plus personne se parlera.
– Et pourquoi ?
– Internet.
– Les ordinateurs là? J'ai jamais vu un ordinateur faire fermer la gueule à un patron de bistrot !

Fabius, il a plus de cheveux, il est pas en peau, c'est un virus informatique ce mec.

Je ne parle jamais d'Hitler, à cause que déjà j'ai des caries plein la bouche.

À l'an 2000, plus personne sortira, tout le monde parlera par Internet.

Internet, ça vaut quatre fois le prix du téléphone normal.

Bardot, elle est bien cette fille.
– Brigitte Bardot ?
– Elle est bien de défendre les animaux, avant je l'aimais pas beaucoup, mais aujourd'hui je trouve qu'elle est bien.
– De défendre les animaux ?
– Brigitte Bardot.
– Elle défend les animaux ?
– Oui.
– Je sais qu'elle défend les animaux !
– Elle est mieux qu'avant, elle s'est beaucoup arrangée.
– Et les animaux, ils s'arrangent eux ?
– Elle a un âne qui bande.
– Brigitte Bardot ?
– Oui, Brigitte Bardot.

Jospin, il a merdé son disque dur, on voit bien, quand il regarde...

Le matin, il est de mauvaise humeur.
– Votre poisson ?
– Il a ses heures.

Ça va m'sieur Monaco ?
– Ça va.
– C'est un nouvel emblème ?
– C'est mon pain.
– Je vous taquine, m'sieur Monaco.

C'est pas parce que t'as fait la course des garçons de café qu'il faut mettre une heure à nous servir !

C'est le bordel aujourd'hui, y a une manif ?
– Une manif de vélos.
– Eh ben si les vélos s'y mettent.

Un journaliste doit être neutre.
– Il ne peut pas.
– Il doit !
– Je dis pas le contraire, je dis qu'il ne peut pas.
– Tant pis, il doit !
– Sa fille qui est malade, ou à l'hôpital, il va s'en foutre de la Bosnie.
– Du moment qu'il ne le dit pas.
– Il va le dire ! Mais il va le dire !
– Mais non, ça existe pas ça.
– Il va le faire comprendre.
– Mais non.
– Il parlera plus de la Bosnie, d'ailleurs ils en parlent plus.
– C'est autre chose.
– C'est pareil.
– Tous les journalistes n'ont pas une femme à l'hôpital.
– Alors pourquoi ils ne parlent plus de la Bosnie ?

Quand elle arrive quelque part, la banane, y en a que pour elle, des bananes ! Des bananes ! La fraise, ça fait pas ça.

Personne sur les petites routes mais après, l'horreur jusqu'à Dreux !

À MacDo, ils font bouffer de la viande de chien, je le dis méchamment, parce que MacDo, j'aime pas, les chiens, j'aime, faut pas mélanger !

Maintenant que les balayeurs sont blancs, on leur a mis du plastique, avant quand c'étaient des Noirs, les balais étaient en bois.
– Les genêts, y a des piquants ?
– Oui.
– Les ajoncs y a des piquants ?
– Non.
– Les genêts y a des piquants, les ajoncs y a pas de piquants et les balayeurs disent que le plastique c'est pas bon pour les balais.

Un gars qui abandonne son chien mérite pas de vivre.
– Et si le chien, il l'a mordu ?
– Alors là, il faut buter le chien.

Il se lave les cheveux avec du Mir laine shampooing.
– Tant qu'il en boit pas.

Moi, je n'ai jamais parlé avec un balayeur, pourtant ça serait facile, y en a toujours un sur un trottoir.

Un bébé qui naissait, on le voyait sortir la tête, à la télé.
– C'est bidonné !

... à la télé, tout est bidonné.

Il est joli votre papier pour emballer la viande.
– C'est Gutenberg.

Le terre-neuve, c'est le saint-bernard des mers.
– Je connais bien le saint-bernard, c'est très costaud comme chien, c'est un peu le terre-neuve des montagnes.

T'oublies pas, on se voit demain midi à 1 heure.
– J'oublie pas.

J'avais un pote, il allumait ses pets.
– Tu ferais mieux de chercher du boulot toi.

L'humour n'est plus à la mode, tant pis, on mettra autre chose.

Même le camembert ne sait plus comment se positionner dans notre société.

Camembert, c'est juif comme nom ?

Une rixe ?
– Une bagarre.
– Alors dis une bagarre.

Le Loto, c'est que des pédés qui gagnent, alors je suis pas jaloux.

Chirac,
c'est un bug.

Juppé va déménager.
– Moi je l'aide pas à porter ses cartons !

Ils profitent qu'ils sont au pouvoir pour se remplir les poches !
– Ils se font construire des piscines.
– C'est les vide-poches.

Faut avoir aucun amour-propre pour être homme politique de nos jours...

Conservateur E machin truc, conservateur E machin chose !
– À force de bouffer des conservateurs, on finira par plus pourrir dans le cercueil.
– Exactement.

Un jour, on remplacera les hommes politiques par des machines.
– On sera bien obligé.
– Comme on a remplacé les ouvriers.
– Par des machines.
– Obligé.

La vieille Deneuve,
elle finira toute seule.

Avec toute cette pollution dans l'air, ce qu'il nous faudrait, c'est des branchies.

Je suis né à Marseille.
– Moi je pourrais pas.

Cyrano, tu bois un coup ?
– Je me les sers déjà avec assez de verve et je ne permets pas qu'un autre me les serve !
– Alors ?
– Un demi.

L'islam, y a pas de pape, c'est pour ça que c'est le bordel.

On détruit la nature plus vite qu'on ne construit des routes, et le jour où il n'y aura plus de nature, on les mettra où, les routes ?

Les pyramides d'Égypte sont éteintes depuis longtemps.

C'est un connard vachement fier de sa connerie, un connard angora.

La connerie, c'est un peu une fête foraine des sens.

On vit une époque où tout est obligé.
– Ça a toujours été comme ça.
– Avant, c'était plus manuel comme époque, on était forcé.

En Allemagne... j'ai rien contre à l'Allemagne... mais ils n'ont pas de problème de Sécurité sociale là-bas, ça marche très bien... et je redis, je n'ai rien contre eux.

À la limite, je préfère qu'on m'oblige plutôt qu'on me force.

Hé ! Le capitaliste ! Tu me prêtes ton *Figaro*?

Les gens viennent souvent manger chez moi parce que je fais de la bonne nourriture.
– Des amis…
– Des gens.
– Pas des amis ?
– Des gens.
– Des gens ?
– Des gens de l'immeuble.
– Vous les connaissez quand même ?
– Non.
– Vous faites à manger pour des gens que vous ne connaissez pas ?
– Je fais de la bonne nourriture.
– C'est qui ces gens ?
– Les voisins.
– Vous êtes sûre que c'est des gens de l'immeuble au moins ?
– Je les ai déjà vus dans le quartier.
– Pas dans l'immeuble ?
– Dans la rue.
– Vous nourrissez des gens que vous avez vus dans la rue ? Et qu'est-ce qui vous prouve qu'ils sont de l'immeuble ?
– C'est eux qui l'ont dit.
– Alors ça ! C'est pas banal ! Vous nourrissez tout le quartier sans connaître les gens ?
– Ils disent que je fais de la bonne nourriture.
– Alors là ma petite Geneviève, vous vous faites bien gruger !
– Vous aussi vous venez, des fois.
– Je ne viendrai plus !

Les gourmands lui font signe à la dinde.

Ma hantise, c'est de faire «grouic» dans l'estomac quand je suis au théâtre.

On a un garçon de ferme à l'Élysée !

Je suis myope, j'aime pas voir clair, quand je mets mes lunettes je m'ennuie, je suis plus chez moi, j'ouvre pas les rideaux quand je suis à poil dans la chambre, je regarde à travers, c'est pareil, comme quand je suis à poil sur le balcon, quand je vois clair c'est ça, du coup je vois tout, j'ai l'impression que tout le monde me regarde, je vois tout, on me voit, je vois pas du coup on me voit pas, si je pouvais rien voir et voir quand même, c'est ce que je choisirais comme maladie des yeux, pour être tranquille, quand j'étais gamin je me mettais derrière le carreau entre l'épicerie et la cuisine de la grand-mère, du verre granulé, on voit que le contour des gens, depuis, c'est le contour que je préfère, comme les petits bateaux qui longent les côtes quand il y a du brouillard, c'est comme ça quand je mets pas mes lunettes, ça me manque pas, disons...

Sept millions par jour !
– Des salaires comme ça, ça rime à plus rien.
– Et celui qui a inventé le système de la capsule sur les bouteilles, tu sais combien qu'y touche lui ?
– ...
– Dix centimes la capsule ! Quand tu vois le nombre par jour, ça lui fait des zéros à sa paye !
– Des salaires comme ça, ça rime à plus rien.

J'ai un chien pas trop intelligent pour qu'il ne me prenne pas pour un con, l'autre que j'avais avant, il me méprisait quand on marchait dans la rue, ma parole, il avait honte...

Je suis tout constipé comme un caillou.

D'habitude je travaille mais pas aujourd'hui, exceptionnellement je bois un coup mais normalement j'ai arrêté à cause que je suis jamais malade mais là j'ai chopé une cochonnerie, du coup habituellement je tiens bien l'alcool mais là, deux verres, je suis saoul, à l'occasion je ne suis pas contre mais ce midi c'était pas prévu, rien va comme je veux.
– Ça va pas bien toi.
– Comme un lundi.
– On est mardi.

Cul sec !

Les extraterrestres n'existent pas ou alors loin.

Deux cœurs, deux foies, deux têtes, quatre bras...
– C'est un monstre ta gonzesse !
– Déconne pas avec ça, elle est enceinte, elle est superbe ma gonzesse.

Il habite en face du chapelier.
– Un con pareil ?

Il m'a dit qu'il a vu deux fois Dieu, eh ben, ça lui a pas porté chance.
– C'est surtout la bouteille qu'il a vue.

À la météo, ils sont en grève.
– De toute façon, y a rien à foutre, il ne pleut pas.

On regarde les informations pendant qu'on est à table, si on regardait pas les informations pendant qu'on est à table, ça voudrait dire que c'est la guerre...

Comment voulez-vous qu'un yaourt ait du caractère !

Sur les photos, je ne ris jamais, être en photo c'est pas risible.

Le chat a sept vies, tu peux l'abandonner sept fois.

L'extraterrestre de Roswell, c'est bidon, un pâtissier un peu doué te fait la même chose en pâte d'amande...

Si le prix de l'essence continue à monter, on va en boire.

Laura, Marine, Élodie, Julie, Kevin, Julien, Nicolas, Sébastien, tout ça c'est à la mode, Micheline, Marcel, Raymond, Robert, tout ça c'est niqué.
– Pour moi, une fille c'est Monique et un garçon c'est René, sinon on s'en sort pas, en plus ça fait des couples qui vont très bien ensemble, Monique et René.

Chirac est bête, c'est ça qui fait peur.

Chirac, ça l'arrange tous les attentats
– ?
– Mais si, ça l'arrange.
– ?
– Mais si !

Juppé, c'est une sorte de Tapie mais fourmilier, il se ramasse mille balles par-ci, mille balles par-là, on voit rien et un jour il reste zéro mille balles dans la fourmilière.

Ça a encore pété ce matin dans le RER !
– Y a des blessés ?
– Y paraît.
– Y en a de la racaille en France...
– Oh, mais c'est pas que de la racaille qui a été blessée...
– ?

Paul, Robert, Marcel, on s'en fout, ça change pas la qualité de sa peinture de s'appeler Paul, le Cézanne.

T'es con.
– Pourquoi ?
– J'adore le pourquoi.

La bombe est posée par terre, c'est les jambes qui trinquent.
– On va prendre le RER collés au plafond, comme les mouches.

Vous avez une belle chemise.
– Hein qu'elle est belle !
– Vous me la donnez ?
– ?

Mon Kiki est mort, écrasé par une Renault.
– Une Renault ? Ça m'étonnerait...

Moi, c'est Peugeot et je serai toujours Peugeot, je mourrai Peugeot...

Même, même, je dis même, même si le vin américain est bon, ils ne pourront jamais avoir nos qualités de bouchons.

Il habite rue Clotilde-Bizolon, la maman des poilus, 1871-1940.
– 1871-1940 ? Elle a combien de numéros sa rue ?

Ma femme n'aime pas respirer.
– ?
– Depuis qu'elle est toute jeune, elle n'aime pas respirer.

Moi, je ne veux pas être là quand ma femme grossit...

La dernière fois que Mitterrand a parlé à la télé, c'était sur la Deux, en face y avait Navarro, j'ai pas regardé Mitterrand, j'ai regardé Navarro, j'ai bien fait, ça aurait changé rien du tout, il est plus là, et ce soir c'est Chirac qui parle, en face c'est Navarro, je vais regarder Navarro, et tu verras que dans six mois Chirac sera plus là et on regardera toujours Navarro, finalement, c'est Navarro qu'il nous faudrait comme président, les autres peuvent dire tout ce qu'ils veulent, on s'en fout... moi en tous les cas, je les crois plus !

Un président de la République mentira toujours plus qu'un commissaire de police.

Chirac, de loin, c'est un crayon avec une gomme au bout.

Chirac à l'étranger représente plus la Corrèze que la France.
– Ils lui font essuyer ses pieds.

Chirac parle bien l'anglais.
– On s'en fout, c'est pas son boulot !

Qu'il parle français, ça sera déjà bien.

Chirac, il a une tête de poule.

Marcher sous la pluie, ça rince la tête.

Il n'y en a pas beaucoup qui arrivent à la cheville de Jean Lefebvre.

... de toute façon, la lumière électrique ira toujours plus vite que la lumière du soleil, on le voit bien.

Moins je travaille et plus je suis fatigué, je suis aimanté, je ramasse toute la fatigue qui traîne...

Quand on voit la taille des palmiers, on se demande si les essais nucléaires réchauffent pas l'eau...

Je préfère être vivant
et en bonne santé
que mort et malade.
– Tout le monde.

Le rire, c'est pas naturel, on fait des grimaces et faire des grimaces n'est pas naturel, à part les singes mais eux c'est des cons.

Quand tu tues trop jeune, ça ne te marque pas et quand tu vieillis ça devient un bon souvenir comme le service militaire.

Le mec qui a traversé l'Atlantique à la nage, on l'a plus revu.
– C'est le genre de con qui vit sous la douche, on le reverra plus.

Neuf ans de prison, à quinze ans, ça fait qu'elle sortira à vingt-quatre ans.
– La gamine qu'elle a tuée, elle sortira jamais, elle.
– Vous êtes pas croyante ?
– Si.
– Alors ne dites pas qu'elle ne sortira jamais.
– Vous mélangez tout.
– Faites attention où vous versez.
– Houp là !
– Sauvée.
– Et votre genou ?
– J'ai arrêté les piqûres, j'en avais marre, alors là, marre.
– Un mois de piqûres, je comprends que ça soit interminable.

... elle s'est enfermée dans les cabinets comme Camille Claudel.

Van Gogh a peint des tournesols parce que c'est la seule fleur qui ne bouge pas quand on la peint.

T'es déjà bourré toi ?

Fais pas chier les clients !

Je picole, mais c'est ludique.

Tu peux lui dire adieu à ta bouteille !

... tiens un autre exemple...
– Non non, ce coup-ci j'y vais !

Je m'en souviens comme si c'était hier !
– C'était ce matin.

Ta gueule !
– Toi-même ta gueule !

Les choses n'ont pas de forme à elles, c'est toujours une forme pour les autres, rien que les assiettes, elles n'ont pas de forme à elles, c'est une forme qui nous fait plaisir à nous, c'est la vraie division du monde, ce qui a sa forme et ce qui ne l'a pas, j'aurais le temps, je ferais des listes...

L'alcool au volant, y a pas que l'alcool non plus, et la pizza qui fait dormir ?

Au Québec, ils parlent le français, mais dans quel état, dans quel état il est le français, on ne comprend rien à ce qui se dit, ils ont pris le français, je ne sais pas ce qu'ils en ont fait, ils parlent tout le temps dehors, j'en sais rien, je cherche une explication, c'est une langue, la moitié des mots ont les pieds gelés !

Moi aussi j'ai été jeune.
– Vous ?
– Oui ! Je fumais de la liane moi aussi.

Les canards ont défiguré le Luxembourg, pires que des roulottes !

On peut filmer du poisson avec ça ?
– Bien sûr.
– Ça marche dans l'eau cette caméra ?
– Non...
– À la pêche, j'arrête pas de tomber dans l'eau, c'est pas ça qu'y me faut... C'est quoi qu'il a comme caméra Cousteau ?
– Je ne sais pas.
– Parce que lui, il en fait tomber des caméras dans l'eau !

Le poisson ne respire pas sous l'eau ! Comment voulez-vous respirer sous l'eau ?
– ...
– C'est autre chose.
– ...
– Respirer sous l'eau !
– ...
– Non ?
– Moi, je m'en fous, franchement, il fait ce qu'il veut, le poisson, ça m'empêche pas de dormir sur mes deux oreilles.
– On ne dort pas sur ses deux oreilles ! Comment voulez-vous dormir sous vos deux oreilles ?

Quand tu vis
avec, les poissons
exotiques ne sont
pas plus exotiques
que des crayons
de couleur.

*Il ne veut manger
que du poisson en
forme de dinosaure !*

… Un fœtus dans
une boule de neige,
je te jure, c'est pas
une légende, c'est un
mec des Impôts qui
me l'a raconté.

Quel âge il a Juppé ?
– Je sais pas, vieux.
– Ça nous rajeunit pas.

Juppé a eu un bébé.
– Eh ben, c'est pas les
plus intelligents qui
se reproduisent.

Si t'es né dans un
avion, t'as le droit de
regarder en l'air pour
dire où t'es né, sinon
t'as pas le droit, t'es
né dans un avion ?
– Non.
– Alors t'as pas le
droit, t'es né où ?
– Marmande.
– T'es né à
Marmande, alors tu
me regardes.

On habite près de
l'aéroport, le bruit,
on le verrait, on
aurait les yeux en
choux-fleurs !

*Les tours de magie
de David Copperfield,
ça vaut rien à côté de
la digestion humaine.*

Dès les premiers froids,
je mange des escargots.
– T'as l'hiver dans
l'estomac, toi.

Je me vois pas téléphoner à Istanbul !

Il arrose trop son balcon, ça coule sur le balcon d'en dessous mais comme en dessous ce sont des plantes qui n'ont pas besoin de beaucoup d'eau, il tue les plantes de l'étage en dessous, et même encore celles d'en dessous, alors ça gueule dans tout l'immeuble.
– Il arrose comme Alien ton pote !

John Wayne est immortel, c'est con qu'il soit mort.

Un puma qui rentrerait ici, ça me ferait pas peur, surtout si je joue à la belote.

On a droit à la vie éternelle, en principe, on y a droit.

La banlieue, tu mets le grillage autour, c'est le zoo !

Le cœur chasse le sang et le sang monte à la tête mais dans un arbre de trente mètres qui n'a pas de cœur, la sève monte mais pour aller là-haut, c'est un mystère de la nature, vous me direz, encore un !
– J'ai rien dit.

Il marche sur les mains.
– Il a pas de pieds ?
– C'est un acrobate.
– Il a pas de pieds ton acrobate ?

J'aime pas les
parvenus qui
sont arrivés !

Les gens, c'est qui ?
Toi, moi...
– Moi c'est pas la
peine, toi ça suffit.

L'A.J. Auxerre
n'a pas d'autre
alternative que
gagner, ah non,
pas d'autre.
– Pas d'autre.
– Ah non !

... il faut se
concentrer sur le
championnat...

*La Fontaine a
écrit des morales
mais dès que tu
fouilles dans ses
papiers de la
banque tu vois
qu'il est pas
mieux que les
autres !*

*J'ai trois sacs de voyage,
je n'ai jamais voyagé.
– Ça n'est pas votre faute,
c'est la faute des sacs,
soi-disant de voyage, et
ce sont de simples sacs
de ville, finalement...*

Dans le cybermonde,
est-ce qu'on pourra se
gratter les couilles ?

Te mange pas
les ongles !
– Y a du pâté
dessous, alors
j'ai le droit !

Ces jours-ci, c'est
pas bon d'être une
taupe à Mururoa !

Je serais une
aiguille de
l'horloge, moi,
j'oublierais des
secondes.

On a le président le plus con de la Terre, même en Afrique, ils se foutent de sa gueule quand il passe, pourtant en Afrique, ils respectent les cons d'habitude...

C'est les jeunes qui augmentent le chômage.
– Y aurait que nous comme chômeurs, le chômage serait toujours pareil.

Le lézard vert, c'en est plein au milieu des chemins pendant l'été, quand il t'a mordu, il te lâche plus, il faut lui passer dessus le fer à repasser pour le faire lâcher.
– Et tu le branches où ?

C'est le pouce opposable aux autres doigts qui nous a foutus dans la merde du chômage, au final...

... *On n'est pas sortis de l'auberge.*

Les charges sociales, aux patrons, elles leur font pas la bosse dans le dos !

Il n'y a pas plus raciste que Hitler.
– Tu sais pas.

La tombe pleine de mauvaises herbes !
– Lui qui est mort chauve, ça lui fait des cheveux.

... Ça finira mal,
ça finira mal...

La muraille de Chine, ça c'est une frontière qui marche, des Chinois on n'en voit pas.

Y en a des normaux, des caniches nains ?
– Mais les caniches nains sont des chiens normaux monsieur !
– C'est pas des nains alors ?
– Mais si monsieur !
– Nain, c'est pas normal.
– Mais si monsieur ! Pas chez les hommes, mais chez les chiens !

Chirac a magouillé pour son logement, le magistrat qui a classé l'affaire a magouillé pour son logement, Juppé a magouillé pour son logement, tous les hommes politiques magouillent pour leur logement, c'est le logement qui va foutre le feu à la République, regarde la banlieue, c'est un problème de logement, on va arriver en l'an 2000 avec les mêmes problèmes de grottes que les hommes préhistoriques, avec les gens qui magouillent et qui se battent pour pas rester sous la pluie, on n'arrive toujours pas à habiter comme il faut, l'homme, tu parles d'une race de branleurs qu'on est...

... Ça va mal finir
tout ça...

Les terroristes louent des appartements en France, mais avec quelles fiches de paye ?

Dans le terrorisme, t'as pas tellement de Suédois.

Ils font une promesse, le lendemain ils oublient, les éléphants feraient de meilleurs ministres.

La dernière mode chic, c'est les tenues de chantier, vous les avez vus les modèles taillés comme mon doigt qui défilent avec les cheveux bigoudés ? Des garçons ! Oui des garçons ! Ils vont en boîte de nuit avec des tenues de chantier ! Le plus fort, c'est que si ça fait des travaux pendant la musique, ils sont pas contents ! Ils ont des tenues de chantier ? Allez ouste ! Au chantier.

– Y a plus de chantiers.

– En prison !

En musique, une blanche égale deux noires, c'est pas du racisme, mais une blanche égale quatre noires, ça commence.

L'Europe agricole, quand tu vois les Allemands qui font pousser des saucisses t'as peur !

On n'a qu'à les faire fumer et après les faire arrêter de fumer, puisque arrêter de fumer ça fait grossir, ça fera grossir les affamés.

Tout de suite des nouvelles de la Bourse !
– Qu'est-ce qu'y nous fait lui ?
– Je vous rappelle les françaises, plus zéro virgule dix-huit pour cent !
– Il a bu quoi ?
– Et l'once d'or fin.
– La Bourse, c'est dehors !
– Salut.
– ?
– ?
– ?
– ?
– ?
– ?
– ?
– Moi la Bourse, j'y comprends rien.
– C'est un mec bourré.
– Même.
– ?
– ?
– ?
– ???
– ?
– ?
– ?
– ?
– ?
– ?
– ?
– ?
– ?
– ?
– ?
– ?
– Y en a un qui a moins compris que les autres.

Je lave la mâche au vinaigre à cause des scorpions et les fruits à grosse peau à l'eau de Javel coupée à cause des virus, malheureusement on ne peut pas tout laver comme ça et c'est bien dommage pour la Sécurité sociale !

Je préfère quand t'es con.

Dans une carafe, ça fait un joli aquarium, mais il ne faut pas que le poisson croie qu'on se moque de lui, ça fait partir les couleurs.

Une vitre, celui qui casse, il paye, sinon, on n'est plus un grand pays...

Aïe ! Merde ! Fais gaffe, j'ai une côte pétée !
– J'ai tapé dans le dos.

New York sur vol régulier American Airlines, à l'arrivée, première découverte de la ville et transfert à l'hôtel, dîner, le lendemain découverte guidée du sud de Manhattan et d'Ellis Island, déjeuner dans le vieux quartier historique du port de New York, visite du musée Guggenheim, Paul Klee, Cézanne, Picasso, Renoir, Manet, le soir, comédie musicale à Broadway, dîner et soirée de réveillon au Grand Prospect Hall, tout à fait un palais viennois, le matin d'après, visite du musée d'art moderne, panorama complet de tout l'art du XXe siècle, impressionnisme, cubisme, surréalisme, balade, et le soir, envol pour Paris, arrivée à Paris dans la matinée, réveillon de rêve pour huit mille francs...
– Huit mille francs, ça fait cher la dinde.

Tête de nœud !

J'ai une boule ici... c'est un cancer ça ?
– Mais non, c'est ta couille.

T'es pudique ?
– Non.
– Pourquoi tu fermes la porte des cabinets ?
– ?

Crotte !... tant pis, je l'ai dit.

La police peut pas être partout ! Déjà qu'elle est ici !

Eltsine, il pourrit vivant, il a l'asticot pré-posthume.

Il préfère manger à la cantine de l'école parce qu'il a ses copains.
– Ça en fera un pochetron qui aime ses potes, moi, la cantine, j'y étais tous les midis, ça m'a fait ça.
– On n'est pas tous pareils.
– Dès qu'on est avec des potes, on est pareils.

Ils vont utiliser des fusils qui envoient des balles contre les jeunes des banlieues, ils envoient des balles aux jeunes, comme à leurs chiens !

Une sculpture, quand t'en es à faire les boutons, c'est que c'est quasi fini.

Le problème du cadre de vie, c'est qu'il n'y a pas de toile de vie à mettre dans le cadre.
– On reconnaît le peintre qui parle là, on le reconnaît !

Bernard Loiseau revend.
– Ça m'intéresse pas, j'aime pas la purée.

On mange pas les vaches qui font du lait parce que leur viande a un goût de fromage.

La police, il en faut, d'ailleurs j'en suis.

Les terroristes, hop, cousus dans le cochon !

Elle a vu «Starmania» trente fois.
– Moi j'y suis trente fois pas allé.

Tous les jours, je le mesure, si j'oublie, il dit que j'aime pas ses centimètres et il pleure... celui-là, il va avoir du mal à se faire à la pension...

Le vrai chasseur d'épaves, le fou de ça, tu chies dans ton froc, il est déjà là avec sa pelle.

Avant, pour voir la misère, fallait prendre l'avion, et après fallait prendre le métro, et après aller se balader dans les rues, et maintenant je sors même plus, la misère, c'est moi.
– Mais non, mais non...
– Oh si ! Oh si !

Les Incas faisaient du bien meilleur café que nous !

J'ai confiance dans la justice de mon pays, elle me rendra mon permis.

Dans les films américains, les acteurs américains parlent mieux français que les acteurs français dans les films français, les Français ont trop l'habitude de parler français, pour eux c'est rien, c'est comme chez eux, ils font des fautes et ça se comprend, ils-ne-s'a-ppliquent-pas, ce sont des fautes d'inattention mais nous, dans le fauteuil, on entend tout, puisqu'on paye.

À l'automne, on sort surtout pour les feux de cheminée... on n'est pas tellement sortis pour les guêpes cette année...
– Et là, vous êtes sortis pour quoi ?
– Pour boire un coup.

Pendant le service militaire on apprend à balayer la cour, comme ça quand les Allemands arrivent, on est prêts.

Mettre le feu à la banlieue, si ça pouvait donner du travail dans la construction...

Combien d'opposants au régime sont enterrés secrètement dans les caves de l'Élysée ? Combien ?

Tu vas raser la banlieue ? Et après ? C'est quoi qui va repousser ? Du Paris ?

Une flûte à champagne remplie de vin rouge et des biscuits roses, moi j'y vais plus chez eux !

On est contents d'être sales et de prendre sa douche le soir !

Une flûte à champagne, ça se respecte.

Jospin, je sais pas quel chien il me rappelle, mais il me rappelle un chien.
– Un chien de Walt Disney ?
– Non, un chien en vrai.

Le nougat, il m'en faut pas.
– Vous avez vu Tchernobyl ?
– Bon, un bout alors, mais qu'un.

Il faudrait que Chirac redonne de l'espoir.
– L'espoir, c'est pas un travail.
– Oui, mais ça aide.
– Ça aide, c'est pas un travail.
– Pour chercher.
– Chercher, c'est pas un travail.
– Ça peut déclencher des trucs.
– Déclencher des trucs, c'est pas un travail.
– Il faut du temps.
– Du temps, c'est pas un travail.
– Qu'est-ce que tu veux que je te dise ?
– Que j'ai un travail.
– Comment veux-tu ?
– Chirac, c'est pareil, je vais prendre le fusil moi…
– T'iras en prison.
– En prison, y a du travail.
– Ils fabriquent des trucs qui servent à rien.
– Ça tombe bien, c'est ce que je faisais avant.

Jamais malade et pourtant il est mort.
– Normal, il y a des maladies qui gardent en bonne santé comme sur le fromage et qu'il faut avoir de temps en temps voyez, jamais malade peut être pire par exemple que toujours malade vu qu'on ne s'immunise pas contre les maladies et qu'on reste faible comme un enfant voyez, sans armes pour se défendre si vous voulez contre les agressions microbiennes, moi si je ne suis pas malade l'hiver par exemple, je suis malade tout l'été voyez, bien sûr puisque je me suis affaibli pendant toute la période des froids, je n'ai pas peur de me mettre à côté de quelqu'un qui a la grippe ou le rhume pendant l'hiver, ça me fortifie pour l'été, vous avez la grippe ?
– Non.
– Dommage.

Moins sept ce matin, l'herbe toute gelée, comme ça, on sait comment s'habiller.

Je commercialise moi-même mes produits, ce qui m'oblige le matin à avoir des accidents souvent sur le verglas.

C'est bien les vieux dictionnaires où les gens sont pas encore morts !

J'aime pas les descriptions.
– Tu dois te faire chier, parce que la vie, c'est que ça, de la description.

J'aimerais pas tellement qu'on dise que je suis une dépouille quand je serai mort.
– C'est le vrai nom.
– Une dépouille.
– C'est le nom officiel du mort, comme cadavre.
– Le corps humain a plus de noms mort que vivant.
– Je ne sais pas, je n'ai pas compté... il faut compter.

Un pastis, plus un peu de citron, plus du vin blanc.
– Tu continues à jouer l'apprenti sorcier ?

Il faudrait inventer des microbes qui attaquent l'organisme mais en restant à côté comme les moustiques...

La viande n'est plus bonne, c'est de l'eau.
– Vous faites un cartable dans une vache comme celle-là, les cahiers sont trempés !

Vous savez pas qui j'ai pris ce matin dans mon taxi ? Marie Bizet ! Vous connaissez pas Marie Bizet ? Non ? Une chanteuse célèbre de l'époque, une vieille dame, très belle vieille dame, elle m'a chanté une chanson dans la voiture, elle amène son chien chez le vétérinaire parce qu'il a froid... qu'est-ce que vous voulez que je vous dise ?... Elle veut le faire soigner contre le froid... elle va me reprendre parce que je fume le cigare... Vous connaissez pas ? C'est Marie Bizet... il faudrait voir dans un dictionnaire ou dans le Quid... *une vieille chanteuse... parce qu'il a froid... c'est Marie Bizet.*

Je lis le français, l'anglais je lis pas, quand c'est marqué en anglais sur les biscuits je lis pas, je préfère pas manger de biscuits que lire l'anglais, question de principe, surtout pour des biscuits, ils charrient tout de même, de l'anglais ! Les avions, je dis pas, mais les biscuits !

C'est pas les agriculteurs qui font vivre les dentistes en tout cas...

Elle a la voix dans la culotte la petite Paradis...

Rabin, pan, zigouillé dis donc, abattu, trois balles dis donc !
– Par un Arabe ?
– Par un Juif.
– C'est les plus forts.

Ils ont greffé une oreille humaine sur le dos d'une souris...
– J'avais pas peur des souris, mais ça va venir.

J'aime bien les chats, ils réfléchissent et ils le gardent pour eux.

Monsieur ?
– Un café.
– Et pour madame ?
– Un kir.
– Et pour le Lulu national ?
– Pareil.
– Un café ?

Une noisette pour la quatre !

Quand je suis à la pêche et que des moustiques me piquent, je suis une sorte de martyr de la paix.

Le bruit de l'eau c'est un disque qui ne s'arrête jamais, et en plus, tu peux mettre tes pieds dans l'orchestre.

La mort de Rabin, ça change quoi pour nous ?
– Pour moi qui suis juif...
– C'est vos informations régionales à vous, nous, on a cinq agriculteurs qui partent en préretraite.

Les terroristes sont manipulés depuis l'étranger.
– Merci le téléphone !

À Air France, ils ont du personnel rampant, c'est pas étonnant que ça déconne.
– Du rampant, t'en as dans toutes les administrations.

Une saucisse, non, mais deux saucisses, c'est un palindrome.

Balzac, j'en prends, j'en laisse.

À Fontainebleau, c'est riche, à cause de la forêt pas loin.
– C'est pas une excuse.

Le juste milieu, c'est dur.

Le cerveau doit être constamment irrigué, mais faut pas que ça déborde non plus.

Il écrit bien, il écrit comme Proust.
– Ah oui, c'est ça, j'ai essayé son livre, ça n'est pas intéressant du tout.

Rushdie, il a été condamné à mort, sinon, on n'en aurait jamais entendu parler de son bouquin.
– C'est bien, pour lui.

À l'automne, il perd ses feuilles, au printemps, il fait des nouvelles feuilles, il est exotique comme un mec des impôts ton arbre !

Une eau minérale qui a traversé les Alpes fait forcément des dégâts quand elle passe dans les reins.

La mort clinique, tu meurs mais c'est plus cher qu'à l'hôpital.

À la campagne, il y a un nounours dans la chambre, eh bien, je n'arrive pas à me déshabiller.

On est à Paris ici ?
– Vous arrivez d'où ?
– Dijon.
– Bien sûr qu'on est à Paris.
– Comme j'ai pas vu de panneau.
– Vous arrivez du train ? C'est marqué sur le train, Dijon-Paris.
– Pas vu.
– Et sur les quais.
– Pas vu.
– Vous êtes perdu on dirait.
– On est à Paris ?
– Gare de Lyon.
– Je vais en Bretagne.
– C'est la gare Montparnasse.
– C'est ici ?
– Non, ici, c'est la gare de Lyon.
– L'autre gare, c'est à Paris ?
– Un conseil, rentrez à Dijon.

J'aime pas qu'elle dorme dans la voiture, elle dort pas le soir, mais dès qu'on roule dans la voiture, au bout de deux minutes elle dort, je sais pas ce qui m'a pris, je lui ai mis une fessée, j'en avais mal à la main, eh bien, c'était fini, elle dormait plus dans la voiture, maintenant elle conduit, elle est grande, elle ne supporte pas quelqu'un qui dort dans sa voiture, ça a peut-être à voir, je ne sais pas, en tous les cas c'est comme ça.

Les graines poussent dans la terre, mais il faudra bien qu'un jour elles poussent ailleurs, forcé obligé, question place, ça sera elles ou nous, des milliers d'hectares de blé et pas de studios pour loger les étudiants, ça n'est pas normal, il faudra choisir, de la place dans le métro ou de la place dans les champs, c'est forcé obligé...

Je me demandais ce qu'elle fait dans le jardin cette chaise, et ce midi j'ai vu un monsieur assis dessus, on en voit des choses quand on est taxi.

Du remaniement comme ça, j'en fais à la maison.

C'est hier que de Gaulle est mort.
– Encore ?

Juppé remanie le gouvernement, il a viré toutes les bonnes femmes !
– Maintenant qu'il a eu son gosse, elles peuvent crever…

Holà ! Salut toi ! Picasso Picassiette !

Toutes les femmes virées !
– C'est que des pédés dans ce gouvernement.

Ministre, pas ministre, au gouvernement, viré, un ministre touche pareil, c'est pour ça qu'ils rigolent de se faire virer, ils gardent leur paye à rien foutre, j'ai jamais vu un ministre viré pleurer parce qu'il a des enfants ! Tiens, meilleur exemple, t'as vu l'âge de Juppé ? C'est maintenant que sa femme elle a pondu un chiard, parce qu'il est ministre et payé toute sa vie maintenant, il peut s'en faire des gosses, c'est nous qu'on lui paye ses fringues à ses gosses, ces mecs-là, une balle dans le genou.
– Il est meilleur cet exemple, oui.

Par rapport à l'étranger, ça fait pas sérieux.
– Quatre femmes.
– Quatre femmes au gouvernement, ça sert à rien.
– C'est pas tellement beaucoup.
– Quatre femmes dans une maison, c'est énorme ce qu'elles peuvent faire dans la journée, de toute façon, on était les derniers sur Terre à avoir des femmes au gouvernement, mais oui ! Et les Noirs, y en a combien ?
– Zéro.
– On peut pas tout mettre, un gouvernement, c'est pas une plaisanterie.
– On est un pays blanc aussi.
– Et des femmes en France t'en as combien ? Une sur dix hommes, comme ici.

Juppé, je voudrais bien savoir combien il a payé et combien il s'est fait rembourser par la Sécurité sociale quand sa femme a accouché, il a pas dû choisir la clinique la plus pourrie celui-là, tu peux me croire, et il veut réduire nos maladies à nous alors que lui, c'est maladie caviar et compagnie !

Il a une tête de fourbe, Juppé.
– C'est exactement ça, un fourbe, il me faisait penser à ça aussi mais je ne trouvais pas le mot.
– Fourbe, comme un clou rouillé.

Drucker, il explique bien l'humour.

Il a un lapin avec les deux oreilles du même côté comme une sole.

De ce côté-là, j'ai plus que la moitié d'un poumon et en plus j'ai perdu mon portefeuille, c'est pas mon bon côté.

Tu fumes trop.
– T'as vu la pollution ? Pendant que je fume, au moins, je respire pas les saloperies du dehors.

... *Ce monsieur que je vous parle, il est riche à millions, il est juif, c'est pas la question, je m'en fiche de la nationalité, il peut être noir, c'est pas la question, il vend des habits dans une rue à Paris, millionnaire, milliardaire peut-être, il a un cancer, il est malheureux comme les pierres, comme quoi...*

C'est Arafat qui a fait tuer Rabin en manipulant des Juifs extrémistes, résultat, il va empocher tout le bénéfice.
– Quel bénéfice ?
– Des terres, tu sais combien ça vaut des terres là-bas ?

La meilleure viande vient d'Argentine, pour eux la viande c'est un dessert.

Le canon à neige, c'est une arme redoutable en Afrique.

L'égalité, c'est pas ce qu'il y a de mieux, parce que tout de suite on sait qui tu es, contrairement à ce qu'on croit, dans l'égalité, on peut pas se cacher.

Un taxi est forcé de regarder dehors, déjà, c'est un métier proche de la nature.

Le Soldat inconnu, il paraît qu'on sait qui c'est.
– Mais non, mais non, tu lis trop *Voici*.

Je vais passer mon brevet.
– Ils vont te prendre tout ton pognon.
– C'est ça qui me plaît.
– Moi je te le fais passer ton brevet, un doigt dans le cul, ça y est, t'es spéléologue.

De Gaulle a viré l'Algérie de la France et il a bien fait !

T'as vu ça les Algériens qui ont voté en France, la bousculade, y a même eu des malaises.
– Heureusement qu'ils ont pas le droit de vote en France, ils vont nous piétiner ces cons-là !
– À 4 heures du matin, c'était déjà la cohue devant l'ambassade.
– Moi, j'y vais cinq minutes avant la fermeture quand je vote.
– Moi je vote pas.
– Ils votent, mais faut voir ce qu'ils votent aussi, ceux-là.

Billets s'il vous plaît !

Napoléon, c'est un nazi, d'ailleurs, quand tu vois les aigles...

Qu'ils touchent un seul cheveu de la Sécurité sociale et je me fous tout le temps en arrêt maladie !

La pendaison, c'est pas pire que la chaise électrique, et au moins t'es dehors.

Tous ceux qui ont un cancer et qui meurent d'un accident de la route alors qu'ils ont bu devraient être enlevés des statistiques de la route et remis dans le cancer, sinon, les chiffres ne veulent rien dire.
– D'autant qu'ils ont peut-être bu parce qu'ils sont malades et après ils ont pris la voiture pour aller aux examens.
– Oui, la route a bon dos, c'est l'hôpital le responsable... évidemment, alors là oui bien sûr, ça arrange la Sécu pour ses chiffres de nous mettre des accidentés sur notre dos !

J'oserais pas faire incinérer un brûlé, je sais pas, c'est comme ça, je préférerais qu'on l'enterre, dans la terre un peu mouillée, je sais pas, c'est comme ça...

Je suis très difficile pour le foie de veau, pour le reste, vous me faites manger de la merde, ça ne me dérange pas.

Chirac paye pas d'impôts.
– Ça ne m'étonne pas.

Tu me feras pas coucher dans le lit à de Gaulle ou d'un autre vieux comme ça !

En tant que président de la République, il était un peu obligé de décrocher de la coke.

Je préfère encore dormir dehors que dans le lit à de Gaulle.

Les avocats, un jour ils défendent les juifs, le lendemain ils défendent Hitler, le sida serait un bonhomme, on trouverait toujours un avocat pour le défendre.
– La défense est un droit.
– Défendre le sida, sans moi.

Chirac est allé coucher dans le lit à de Gaulle.
– C'est pas tellement propre.

Les ministres se font rembourser les repas par la Sécurité sociale.
– Ça ne m'étonne pas.

T'as qu'à voir le niveau des intellectuels qu'on a en France, ils ont le trac à la télé !

Le créole a beaucoup influencé la langue française, tenez, à l'origine, boudin n'est pas un mot français.

Tu vas pour une moquette à Troyes et tu te fais pas payer ? T'es intelligent ? Oui ? Alors tu m'expliqueras où elle est l'intelligence ?

Je lui dis, pourquoi tu téléphones pas, il me dit, maman, je n'ai plus d'oreilles.
– ?
– Une maladie tropicale.
– Le pauvre.
– Vous n'allez pas le croire vous aussi ! C'est un mensonge ! Il a ses oreilles ! À Tahiti, il n'y a pas de maladie des oreilles !
– À Tahiti, non.
– Vous voyez bien que c'est un mensonge !

Pourquoi on fait pas du calva de poire ? Pourquoi ? Hein ? Pourquoi ?

C'est pas eux qui vont dire quand je suis malade et quand je suis pas malade, je suis malade quand ça me plaît et je les emmerde !

Si l'ordinateur est une fenêtre, alors j'en ai deux sur la cour.

Trafic SNCF, trafic RATP, quand tu conduis un bus, c'est comme si tu transportes de la came.

Le français finira en anglais, on dira *yes*, comme des zombis.

Je suis très déçu par les humains.
– Vous avez consommé, vous payez !
– Je suis très déçu par les humains.

Le gros Larousse, *t'as plus rien dedans...*

Les colorants qu'ils mettent dans les petits pots pour bébé, c'est ni plus ni moins l'apprentissage des paradis artificiels.

Le jour du beaujolais ils ne font pas de contrôle, bien sûr, si y en a un qui roule en zigzag là ils lui font souffler dans le ballon mais sinon ils ne font pas de contrôle pour le jour du beaujolais nouveau, c'est une loi, une fois par an, ah si, c'est une loi.

Si un docteur me file pas un arrêt maladie, je m'en fous, je vais chez un autre, tu sors les billets, t'en trouveras toujours un, va, ils aiment les sous ceux-là...

Y a pas de livre à lire en français qui soit bien, même le prix Goncourt cette année, ils l'ont donné à un livre en russe.

Je lis énormément alors je ne peux pas regarder «Le Millionnaire».

On a un fœtus Premier ministre !

La lèvre du dessus... la lèvre du dessous... ça fait la pince... enlève la lèvre du dessous... tu fumes plus.

Je suis au chômage depuis deux ans.
– Ça se voit pas, t'es tout le temps là.
– Ben si, c'est ça qui se voit !
– Quand tu bossais, t'étais là aussi.
– Ah non ! On allait chez René.

Les moustiques, pas en France évidemment où ça va bien mais dans d'autres pays où ça va pas ils transportent les maladies, ils vont de l'un à l'autre des gens des villages et les maladies font le tour du pays comme ça, les moustiques ont la maladie dans la trompe, elle va, elle vient, après tout le monde l'a dans une cloque quelque part en se réveillant le matin, tous les moustiques auraient du médicament dans la trompe, ça serait pareil mais mieux, en mettant le médicament dans le moustique qui fait le tour du pays pour piquer tout le monde tu fais vacciner toute la population sans faire bouger un docteur, sans payer personne, tu vas pas payer le moustique, le moustique pique dans le petit pot de médicament et il aspire parce que c'est sucré, le médicament a un goût que le moustique aime bien, à la poire, au miel, à la banane ou à la mangue et l'affaire est dans le sac et il s'en va pour faire son tour des piqûres ni plus ni moins ce que font d'ailleurs les infirmières qui font ça dans nos campagnes pour faire les soins des vieux, du coup en Afrique tout le monde rêve de se faire piquer par les moustiques parce que pour l'instant, en Afrique, c'est pas du tout le cas, les gens s'enduisent, alors que là les gens chanteraient à l'arrivée du moustique, abdouli, abdoula, à quatre pattes les gens, à lui embrasser les pattes pour se faire piquer.

Un bébé, c'est bien que c'est petit parce que c'est laid.

Des fois, rien que pisser dans la neige peut déclencher une avalanche, alors quand tu vois des villages entiers d'alpinistes dans l'Himalaya, faut pas s'étonner que cinq cents gars qui pissent dans la neige te déclenchent des catastrophes !

Un alpiniste français blessé au fin fond de l'Himalaya, c'est encore la Sécurité sociale d'ici qui paye !

Depuis la gare jusqu'à la place de la Cathédrale, on ne fume pas, soyons logiques.

Même que ma fille a racheté la voiture de leur fils, voyez...
– Quoi ?
– L'entente.

Penser, c'est pas pareil que réfléchir.
– Ah bon c'est nouveau ça...
– Des fois, tu penses, je vais acheter du pain, c'est pas une réflexion.
– Si, bien sûr, comme les autres.
– Moi je ne réfléchis pas pour acheter du pain.
– Moi si.
– Pas moi.
– Moi si.
– ...
– Moi si.
– Tu fais ce que tu veux.
– Ah oui alors, je fais ce que je veux et je t'emmerde ! C'est pas toi qui vas me dire quand je réfléchis ! Certainement pas un mec qui pique des outils dans le garage de son patron !
– Quoi !

Coucou le gars !

Le stade après SDF, c'est Africain.

Quand il a été aveugle, il s'est mis à la peinture ! Déjà que je me méfie de l'art en général, alors là, c'est se fiche du monde.

Ils remboursent quand une hôtesse de l'air a le cul de travers, faut pas s'étonner des déficits avec ça !

À deux, on est déjà nombreux, si on est malade des nerfs.

On devrait payer avec des faux billets puisque tout ce qu'on achète ça donne du faux bonheur !

Il croit que l'hippopotamus est un animal qui vit en Afrique à cause du restaurant.
– Il est con ton môme.
– C'est pas sa faute.
– Et les frites, c'est des oiseaux des îles ? Il est con ton môme.

Et si j'ai une apparition chez moi ?
– C'est le pape qui décide si c'est un miracle ou pas un miracle.
– Que lui ?
– Que lui.
– J'ai pas eu d'apparition mais je demande ça comme ça.
– Je sais, t'as pas de jardin.

On est des pauvres, mais si ils continuent d'augmenter les impôts pour les pauvres, notre pauvreté faudra qu'on aille la planquer en Suisse !
– On n'aura pas le choix, pardi.

La qualité contre la quantité, je fous rien, mais je le fais bien !

Un cheval, c'est aussi intelligent qu'un camion et on peut lui donner des carottes, on pourrait en remettre à tirer des carrioles, ça pollue pas, et on peut lui donner des carottes, c'est gentil, ça coûte rien, ça fait joli dans la ville et on peut lui donner des carottes, il faut s'en occuper, ça donnerait du travail à un chômeur qu'on paierait pas cher mais le plus important, c'est de travailler.
– On lui donnera des carottes.

Tu verrais ses carottes biologiques, on dirait qu'elles mangent de la viande tellement elles sont grosses.

La merde fait pousser les légumes.
– Moi j'ai pas l'oignon qui pousse.
– Pardon ?

La choucroute est un légume d'aujourd'hui.

C'est quand le beaujolais ?
– Le nouveau ou le normal ?

Ma femme n'a pas vieilli, elle a la même haleine que quand où on s'est connus.

Dans le beaujolais nouveau, ils mettent de moins en moins de beaujolais et de plus en plus de nouveau.

Bonne cuite.
– À vous aussi.

... hé l'Homme invisible, quand il boit du beaujolais, on ne voit que le verre qui vole.

Je ne connais personne qui prend des antibiotiques le jour du beaujolais nouveau, et ça, c'est bien pour la Sécurité sociale.

Les lendemains de bonne cuite, quand t'as la grosse gueule de bois, t'as envie de partir loin, loin, loin ! Ils devraient embaucher des alcooliques pour leur conquête spatiale.

Ah oui, j'y avais pas pensé.

Je suis comme saint Thomas, je bois ce que je paye.

Le phénomène inverse se produit.
– Quand on pisse, on boit pas ?
– Dans le désert, il faut pisser pour ne pas boire.
– Quand on boit on pisse.
– C'est le phénomène de départ.
– Et l'inverse ?
– On pisse, on ne boit pas.
– Dans le désert, personne ne boit.
– Ils pissent.
– Les chameaux pissent beaucoup sans boire.
– Ils ont des bosses à la bite.
– Je parle sérieusement.
– Pardon, je rigole, c'est le beaujolais.
– Moi aussi je bois du beaujolais, et je ne ris pas.
– Je ris pas.
– Bon.
– Oh hé puis va chier avec tes Bédouins qui pissent, toi !

Il est immortel.
– Pipeau.
– Dans le feuilleton.
– Pipeau, c'est truqué.
– C'est ce que je dis, c'est un feuilleton.
– Alors on est d'accord, c'est pipeau.
– C'est le titre du feuilleton, «L'Immortel».
– Pipeau.
– Évidemment.
– C'est pipeau.
– C'est ce que je te dis.
– Tu me dis qu'il est immortel.
– Dans le feuilleton.
– Pipeau.
– Tu m'énerves, mais tu m'énerves ! Il est immortel dans le feuilleton !
– Oui, je sais, c'est pipeau.
– C'est un feuilleton.
– Justement, c'est truqué.
– Y a pas de trucage.
– Tu dis qu'il est immortel.
– Y a pas de trucage, on le sait.
– C'est pipeau.
– Tout le monde dans le feuilleton sait qu'il est immortel.
– C'est truqué.
– Mais non c'est pas truqué.
– C'est du pipeau.
– Y a pas de trucage.
– Il est immortel.
– Dans le feuilleton.
– C'est des conneries.
– Faut que t'arrêtes de boire toi !
– Pas le jour du beaujolais nouveau.
– Tous les jours.
– Dis donc, faut plus que tu regardes «L'Immortel», ça te rend con.
– Parle à quelqu'un d'autre.
– Qui ?
– Au tonneau !

Tu pues !
– J'ai rien bu.

Je n'en bois pas... ou un comme ça pour goûter le matin, le beaujolais nouveau ça se goûte, tout de même c'est la tradition, un ou deux, j'en bois le midi et le soir, disons une petite dizaine, pour accompagner, une petite quinzaine, quand il est bon, sinon, je ne me jette pas dessus en tous les cas, mais je goûte, je le goûte pour le goût de fruit rouge ou de banane comme l'année dernière c'était fruit rouge mais l'année d'avant ou d'avant avant c'était banane, ça je le reconnais, je le goûte par tradition, c'est une tradition tout de même, non ?

Alors ?
– Il est bon.
– Et le goût ?
– Il est bon.
– Et puis ?
– Rien, il est bon.
– On t'en offrira du beaujolais à toi !
– Quoi ?
– T'en parles aussi bien que Juppé de la république.
– Quoi ?
– T'es lyrique comme une merde sur un glacier.
– Quoi ?
– Rien, bois.

C'est pas bientôt fini le monologue !

J'adore ma liberté !
– Fainéant.

Trop d'alcool tue l'alcool, tu conduis comme si rien à condition que tu sais où... où... où tu as garé le véhicule en question.

Tu bois pas du beaujolais ?
– J'aime pas qu'on me force.
– Qui ?
– La société du merchandising.

J'ai servi la France.
– Je vous ressers ?
– Volontiers... j'ai servi la France...

... ma retraite...

... le drapeau...

... amputé...

... l'OAS...

... Algérie algérienne !

... une pension d'invalidité...

... le ministère des Anciens combattants...

Un rein en moins monsieur, un rein en moins !
– Je vous ressers ?
– Volontiers.

Carignon,
tête de con,
en prison !

Il ne s'est pas enrichi personnellement.
– Lui, non, mais t'as vu ses fringues ?

Carignon,
tête de con,
en prison !

Ho ! Tout doux là !

Carignon,
tête de con,
en prison !

Ho ! Du silence un peu !

Qu'est-ce que t'en as à foutre ?
– Il a sali tous ceux qui s'appellent Alain !

Sur cent personnes, t'en as que quatorze qui étaient pour Chirac président, et dans ces quatorze, t'en as dix logées par la ville, c'est une démocratie ça, c'est une démocratie ? Il fallait interdire le vote à ceux qui ont eu leur logement par Chirac, là, ça serait la démocratie, on se fout de la carte d'électeur, c'est la fiche de loyer qu'il faut montrer, là, tu as une démocratie qui marche bien, enfin, c'est mon avis, il vaut ce qu'il vaut, c'est le mien, et en plus j'ai raison... Non ?

– ...

– Toi tu bosses pour la ville, alors...

– Je ramasse les feuilles dans le square.

– Les feuilles de ville, alors...

La femme à Juppé, il aurait fallu la faire accoucher dans l'escalier de chez elle, qu'elle ait un aperçu un peu de la banlieue !

La télé, c'est un travail plutôt pour les vieux, je trouve.

Ils n'ont rien à foutre à la télé, ils arrivent, ils s'assoient et ils discutent avec les invités, tu fous une caméra chez moi le dimanche, c'est une émission, je me souviens d'une émission médicale de l'époque, ils opéraient des gens, devant toi, c'est pas comme discuter avec un connard d'acteur qui n'a rien à dire, c'était de la vraie télé, avant, d'ailleurs les nouveaux studios télé on voit bien, quand ils sont vides, y a que des chaises.

Oui, ils expliquaient l'appendicite, c'était autre chose que les petites connasses de la météo !

Ça va ?
– Et vous, ça va ?
– Ça va, on continue le plan vigi-picrate.

Le Goncourt, c'est pas moi qui lirais une merde pareille !

Avec les attentats et les photographes, vous avez intérêt à avoir une culotte propre.

Le docteur dit du mal de vous, il essaye de nous fâcher.
– Je le connais, c'est un nouveau docteur.
– Il ne veut plus que je vienne.
– C'est bien de me le dire.
– Il veut nous fâcher.
– Il aura du mal, c'est bien de me le dire.
– Il ne veut plus que je boive.
– Il a une sale mentalité ce nouveau docteur.
– Il veut nous fâcher et il n'y arrivera pas !
– C'est bien.
– Je vous le dis.
– C'est bien de me le dire.
– Et je continuerai à venir !
– Je vous sers quoi ?
– Mon rosé.
– Pas trop frais.
– Il ne nous fâchera pas !
– C'est bien.
– Voilà.
– Il faut bien mourir de quelque chose.
– …

Une noisette pour l'écureuil !

Dans la mode,
c'est tous des pédés.

La mode, moi... vous savez... la mode... si vous saviez... j'ai eu deux robes dans ma vie, une robe de petite fille et une robe de dame, ce sont les deux robes les plus importantes, les autres robes ne sont que des robes qui passent, ça compte pas, comme les âges, combien d'âges servent à quelque chose et combien d'âges servent à rien ! On est jeune, l'autre jour on est une vieille, c'est ça qui compte, petite robe grande robe jeune vieille, et pour les garçons, petit garçon grand-père pantalon court pantalon long, ça traîne pas... les modes qui changent, les âges qui changent... moi... vous savez... la réforme de l'âge, c'est un peu plus important que les histoires de la Sécurité sociale... deux âges deux robes, j'en sors pas... deux âges deux robes... deux beaux âges et deux belles robes, évidemment ! Vous aviez compris...

Les bouchers,
pas toujours
mais des fois,
c'est des gros
pédés.

Ceux qui font
du canoë-kayak,
la plupart, c'est
des pédés.

*Les maîtres
nageurs avec
les petits slips,
c'est des pédés.*

Dans l'aviation,
tous des pédés.

Les curés,
tous pédés.

Et les nageuses, c'est des gouines aussi, comme dans le tennis.

Les patineurs artistiques, c'est pédés et compagnie.

Dans la danse, c'est tous des pédés.

Les serveuses des charcuteries, c'est toutes des gouines.

Les filles dans les douches, c'est souvent des gouines.

Dans le rugby, un pédé sur deux, à cause des vestiaires.

Les bonnes sœurs, quasiment toutes des gouines.

À la morgue, ils se tapent des morts.

Les alpinistes, dans la tente là-haut, sans personne qui regarde, ils sont à poil avec la bite qui sort du duvet, mais bien sûr, t'as vu la couleur des anoraks qu'ils ont maintenant ?

Dans le ski féminin, elles ont des gros culs, c'est des gouines.

Souvent les ploucs se tapent les poules.

Les garçons dans les cabinets publics, tu peux être sûr que c'est des pédés.

Les toreros, ils ont la bite tout aplatie dans le pantalon, c'est encore un autre genre ça…

Lang se tape des petits animaux, ah si !

C'est pas la peine d'avoir des élections libres pour que tous les mecs élus finissent en prison comme Carignon !
– C'est la démocratie.
– La démocratie ? Si c'est élire des truands comme Tapie, alors c'est pas la démocratie, c'est l'Afrique.

Walt Disney se gênait pas pour se taper des petits animaux non plus. Il est mort de ça d'ailleurs, d'une maladie animale.

En Algérie, c'est que des pédés puisque les femmes sont enfermées.

Quand t'as la colique, si tu veux tenir le coup moralement, faut pas de sensiblerie.

Les gens qui élèvent des petites vaches, souvent, il y a de la tentation parmi les montagnards isolés l'hiver.

Le monstre du loch Ness attire des millions de touristes.
– Les gens sont cons.
– Il a été pris en photo.
– Va voir un éléphant de près, après on recausera.

Les dents de la mer, ça existe pas.

Il faut déjà être intelligent pour reconnaître son image dans le miroir, les animaux ne reconnaissent pas leur image.
– Quand je sors de chez le coiffeur, au début, je me reconnais pas.

Il est très très très très très malade Jacques Pradel, il ne sort de l'hôpital que pour ses émissions.
– On le voit bien qu'il est gonflé d'eau, on le voit bien.
– Il sent le pourri.
– Et il travaille ?
– C'est pas fatigant, remarquez.

Le cinéma français, ça fait rêver à peu près comme la Sécurité sociale.

On est des singes évolués, finalement.

Toutes les nouvelles speakerines de la télé ont eu des bébés en même temps cette année, elles sont obligées de les avoir pendant les vacances pour pas que ça se voie sinon elles sont virées.
– C'est horrible.
– Comme un élevage.
– Pauvres mômes.

Lady Di, tout le monde se la tape.

Les rois, les reines, les princesses, tout ça c'est plus que du bidon, si tu te tapes une reine, t'as intérêt à mettre une capote.

Lady Di, je lui vire tout de suite sa couronne et je lui mets des étoiles au bout des nichons.

Il y a une pièce de Shakespeare, c'est exactement l'interview de Lady Di.

Elle bouge tout le temps, tout le temps, tout le temps, elle va chercher les plats dans la cuisine, elle revient, il manque quelque chose, elle repart, on y va pour son anniversaire, on ne la voit pas.
– Il faudrait scier les jambes des mamans pour qu'elles restent à table.
– Ah oui ça c'est vrai.

T'as des centaines de tailles de bouteilles, une par personnalité.

C'est des familles qui couchent entre elles comme les hamsters.

Les princesses, moi j'en prends une pour taper sur l'autre.

Elle baise et quand c'est fini, elle bouffe le mâle en commençant par les pattes.
– Moi je serais le mâle araignée, je garde mes chaussettes pour que l'autre elle s'étouffe.

Le poisson est propre naturellement.

Ils ont mis Claudia Schiffer au musée Grévin, elle est en cire.
– Ça change pas.

Il a un sixième sens mais comme il est sourd ça lui en refait cinq comme nous.
– Si t'as un sixième sens et que t'en perds un en route, autant avoir cinq sens et entendre ce qu'on dit.
– Ah oui.
– Mais oui.
– Un sourd qui entendrait par miracle, pour lui, c'est un sixième sens.
– Déjà cinq, c'est bien.
– Quarante sens, je sais pas où on mettrait les yeux.
– Quarante sens qui marchent en même temps, t'exploses rien qu'avec une cacahuète qui tombe du comptoir sur le carrelage de couleur qui pue la Javel en faisant un petit bruit.
– Boum !

Il est aveugle mais il se fait raconter.
– C'est un métier que j'aimerais bien faire, descripteur.

Une chienne qui lèche ses petits pour les nettoyer, elle les aime, mais d'abord elle les nettoie, le propre passe avant l'amour, vous aimeriez un enfant sale ?

J'ai lu un livre...
– De qui ?
– Alors ça, je m'en branle pas mal.

Décrire, c'est difficile, surtout pour les rues qui montent et après qui redescendent.

Un milliard d'années, de nos jours, c'est cent ans, question de progrès.

Les merdes qui ont des noyaux de cerises dedans, c'est celles des renards.

Être ou ne pas être, voilà la réponse !

T'enterres un immortel, le mec se fait chier pendant un moment, moi je te le dis.

C'est le cholestérol qui a tué Kennedy.

Il est mal dans sa peau.
– Eh ben qu'il s'évade ! À quatre pattes la nuit par le trou du cul.

Cinq minutes pour aller aux toilettes, tous en même temps, moi je travaille encore sur des vieux dossiers avec des carbones, c'est l'horreur, j'ai les mains noires toute la journée.
– Faites grève.
– Pour ?
– Les toilettes.
– Pfu.
– Et les carbones.
– Justement, on les supprime les carbones, je saisis tous les anciens dossiers sur ordinateur, je suis entre l'ancien dossier et le nouveau, c'est moi le carbone.

Bon pied bon œil.
– Quel est le con qui a marché dans la merde ?
– …
– Qui c'est le con qui a marché dans la merde !

C'est pas des gens qui font de la télé, c'est des gens qui vendent des décodeurs, c'est pas pareil, comme le mec qui fabrique un frigo, c'est pas lui qui va chercher le poisson qu'on met dedans, pour moi la télé, c'est le mec qui va en mer chercher le poisson, pas le mec qui bosse dans sa cuisine.
– La télé, je m'en branle.

En Russie, tu trouveras pas une lampe qui marche.

Putain, comment on s'est mis chiffon, dis !

… t'as autant d'imagination dans un pot-au-feu que dans la pyramide du Louvre sinon plus.

… Va l'avoir, toi, l'idée du pot-au-feu ! Va trouver ça comme nouvelle invention ! Vas-y ! Après tu reviens me voir.

… rien que l'os à moelle, va trouver ça, c'est de la folie, un os et dedans c'est la moelle, va trouver ça, au prix où c'est !

… plus la moutarde et les cornichons, je n'en parle même pas !

… Si tu veux parler d'inventions, t'es bien tombé avec moi.

… les fusées ça arrive que ça déconne, un pot-au-feu, jamais ça tombe en panne.

Ils gagnent trop d'argent.
– Des millions par mois.
– La télé, ils gagnent trop d'argent.
– C'est notre pognon.
– J'aime bien quand y en a un de la télé qui meurt.
– Nous aussi on meurt et on n'a pas des millions, alors…

… l'ordre moral, il est pas si bien rangé que ça...

Il y a toujours quelqu'un qui se baigne à poil quelque part sur terre.

Ariane, ça c'est une réussite.
– Pour une fois qu'un truc marche, on est cons de l'envoyer dans l'espace…
– …
– Non ?
– Euh…
– On ferait mieux de se la mettre sur des rails qu'on monte dedans, sinon qu'est-ce qu'on s'en fout ? C'est comme Cousteau sous l'eau, ça lui fait plaisir qu'à lui.
– Pour la technologie, je parle.
– La technologie, c'est pareil, qu'on se la garde sur Terre plutôt que se l'envoyer dans le ciel, les oiseaux qui volent ça fait plaisir qu'à eux.
– C'est un exploit tout de même...
– Que ?
– …
– Quoi ?
– Les fusées.
– Un exploit c'est manger une fusée, ça c'est un exploit, une fusée qui vole, on va pas tomber.
– Ça donne du travail.
– À qui ? Aux Martiens ?!
– …
– Non ?
– C'est français.
– Moins que moi.
– …
– Moins que moi !

Si il a honte d'être alcoolique, alors je sais pas de quoi il parle toute la journée.

Pour chanter l'opéra, il faut être gras, ça fait résonner la voix comme quand tu joues de la trompette dans l'eau.

La nuit, elle me réveille pour voir si je suis pas mort.
– Ah là là, les bonnes femmes...

Une fois, un silence d'une heure et après, un bruit.
– À la campagne, c'est pas tellement exceptionnel, une fois moi, pas un bruit de la journée et le soir, un tracteur.
– T'es dans quel coin ?

Alors ?
– ...
– Alors ?
– ...
– Alors ?
– Je t'ai laissé parler, alors laisse-moi boire.

Je serais Lelouch, je ferais attention à mon portefeuille parce que avec Tapie dans le film...

T'as vu Jean-Pierre ?
– Jean-Pierre ?
– La Prothèse.
– Ah oui, La Prothèse... moi des Jean-Pierre, j'en connais pas... pas vu La Prothèse ce matin.

... il a tellement fait de mal à Marseille, tellement de mal en tuant l'OM...

Tapie, Garretta, tout ça c'est une jolie bande, tenez.
– Tapie a jamais vendu du sang contaminé.
– Il en vendait pas, il en fabriquait !

Fabius, deux cents morts sur les mains, pas un franc d'amende !
– Il mourra dans des souffrances, vous verrez, il y a un dieu.

Tapie, à Marseille, c'est Guy Lux à Intervilles, c'est un mec comme ça Tapie, il fait la politique avec des vachettes.

Dans le monde entier, l'endroit d'où tu vois le mieux toute la place de la Concorde, c'est depuis l'hôtel Crillon.

Juppé est en train de tout détruire toute la France, et si il fait ça, c'est qu'il a une raison qui vient de l'étranger...
– ...
– Un jour on nous le dira, il travaille pour l'étranger, sinon quel intérêt il a à tout vouloir tout semer la panique ?
– Oui, remarquez...
– Tout vouloir tout mettre la zizanie ?
– Oui, en fait...
– Non ?
– Si.

Il enferme son gosse dans les chiottes pour qu'il travaille ses devoirs, c'est pas un ingénieur qu'il va en faire, c'est une mouche.

Une heure trente ou quatre-vingt-dix minutes, pour moi, ça n'a rien à voir.

Tu as vingt-cinq ans, moi j'en ai vingt-quatre, c'est pour ça que je te respecte, tu as vécu beaucoup plus de choses que moi...

On va dire que je suis dur mais les manifestants sur les voies de chemin de fer, à la mitrailleuse !
– Chacun a ses idées.

Il n'y a plus de beau PMU !

Une fois de plus, les usagers sont pris en otage !

Trois heures pour venir travailler !
– Je suis partie à 5 heures ce matin pour arriver au travail à 9 heures !
– Au moins, on est au travail.
– Remarquez, personne travaille, on fait que parler des transports.
– On est là, c'est déjà bien, on va pas non plus nous demander de travailler !

J'attends le bus au comptoir, c'est pareil que dans la rue.

J'aime bien les grèves, ça me rappelle quand j'avais du boulot.

De Gaulle travaillait tu sais combien d'heures par jour ? Une.

Le poisson femelle enlève les petites algues avec sa bouche... avec des poissons pédés t'as plutôt intérêt à changer l'eau tous les jours.

Il est pédé ou il est pas pédé ?
– Il va sous le caillou avec l'autre mâle.
– Alors ton poisson il est pédé.

Les boxeurs ont des petites mains parce qu'après ils rentrent chez eux de toute façon...

Des bombes dans les transports, et maintenant des grèves !
– On est fragiles aux roulettes, comme les vieux jouets.
– Ah oui ! On est des vieux jouets !

Midi pile, tout s'arrête, moi j'arrête, hop, comme les Noirs avec la montagne sacrée, ça sent le petit salé, stop, je vais pas plus loin, je bois mon apéro avant, je pose mon baluchon, le Kilimandjaro, le pastis et les olives sacrées, un milliard la minute, non, j'avance pas, stop, terminé, c'est midi pile, une heure, deux heures, trois heures, quatre heures, cinq heures, je monte pas là-haut, je vais pas plus loin, midi pile, stop, c'est le petit salé aux lentilles de midi pile et la Terre continue de tourner.

Henri IV, c'est que la poule au pot ? Y a rien avant ? Y a pas d'entrée ?

Un marteau-piqueur à minuit ! Alors que le jour, y a pas de boulot !

Le tourisme sexuel, c'est visite organisée des trous du cul de par le monde.

On va manger chinois.
– Encore ? T'as déjà mangé chinois hier.
– Et aussi lundi, de toute façon on serait en Chine, on mangerait tous les jours chinois, alors…

Le marabout, si tu veux, il jette des sorts à Juppé pour le faire mourir.
– De quoi je me mêle ? Laisse faire les cheminots.

Les films incontournables, les livres incontournables, je les contourne très bien.

Pendant quatre-vingts ans que tu vis ta vie sur la Terre, t'es stagiaire, je connais pas un seul titulaire de la vie d'ici, on peut te virer n'importe quand, n'importe comment, et même de nuit mon con !
– Je suis pas ton con.

J'ai pas de tabou,
je bois de tout.

Midi pile, c'est le pic du Midi de l'heure.

Tout est paralysé !
– La France paralysée, attention, c'est pas l'étranger qui va lui faire manger la soupe.

La météo, c'est un métier de femme, d'ailleurs chez les commerçants c'est tout le temps elles qui parlent du temps.

On est un pays de pleurnichards ! Le Japon pour Hiroshima, ils ont rien dit par exemple...
– Ils ont une économie forte.
– Et l'Allemagne avec Hitler, ils ont pas pleurniché !
– Ils ont une économie forte.

Sonia Rykiel, c'est le genre de connasse qui serait tout le temps au cul de Jésus pour l'habiller.

Je laisse la radio allumée, elles entendent les informations.
– Avec les grèves, elles doivent rien y comprendre vos plantes.

J'achète *Libération*, *France Soir*, *Minute*, je m'en fous du titre quand je veux un journal, ils disent tous la même chose, au fond, ils donnent les nouvelles de la télé.

… le petit Juppé, moi
il me fait pitié.

On aurait un pharmacien comme Premier ministre, on l'écouterait, mais un politicien, comment voulez-vous avoir confiance ? Ou un docteur comme Douste-Blazy, ou même François de Closets, mais un politicien qui n'a fait aucune étude spéciale comment voulez-vous croire ce qu'il dit quand il dit, il faut un remède de cheval ? Il est pas pharmacien, le con, il n'est rien, il n'a pas la jugeote du spécialiste, et comment il pourrait l'avoir, il n'a appris que la vie de De Gaulle, avec ça, on est bien avancés, des gars qui connaissent la vie du Général, que je respecte, c'était un militaire en temps de guerre, il avait sa place à la tête de l'État, mais un branleur en temps de crise, il nous faut des gens qui savent, et le savoir, c'est à l'école de pharmacie que ça s'apprend, ou à l'école d'industrie, pas à l'école des riens du tout qui bavardent et qui ne font rien, à part voler notre argent, pour ça ils sont pas mal forts, pour nous voler notre pognon, ah ça oui, alors que, au moins, ils volent du pognon à l'étranger pour faire marcher la France si c'est ça leur spécialité, ils sont invités en Afrique, ils volent de l'argent dans les banques, de toute façon l'argent, en Afrique, pour ce qu'ils en font à part acheter des bijoux aux poulets, et cet argent ils le remettent dans les banques françaises qui en ont bien besoin, on serait un peu plus respectés dans le monde si on disait qu'on est des voleurs, puisque c'est vrai, avec la bombe atomique, ça serait complet comme politique étrangère, mettez-moi au gouvernement une seule journée, vous allez voir le changement !

Ils ont tout cassé à Jussieu.
– Qui ?
– Les casseurs.

Moi je suis dans le privé monsieur, j'ai qu'à fermer ma gueule parce que si moi je fais grève, c'est la porte tout de suite monsieur ! Dans le public, c'est des nantis qui se permettent de prendre les autres en otage parce qu'ils ne risquent rien, leur patron, c'est Juppé, et Juppé, c'est une merde, alors c'est pas lui qui va les virer !... on est gouvernés par une merde monsieur, que voulez-vous... et l'autre grand con qui se branle dans les chaussettes à de Gaulle, que voulez-vous... la France est devenue une maison de retraite monsieur, alors forcément, ils vont faire chier les retraités, on serait un pays jeune, ils feraient chier les bébés monsieur, ils font chier le premier qu'ils trouvent, on est gouvernés par des gens que nous on pourrait remplacer au pied levé monsieur tellement ils trouvent leurs idées sans réfléchir, c'est ça le problème de la France d'aujourd'hui monsieur, à l'Élysée ça sent pas l'innovation, à l'Élysée ça sent le tabac monsieur, c'est n'importe qui qui dirige, on a voté pour une pomme et résultat on se retrouve avec une pomme qui dirige un pays de vieux, monsieur... et madame... je ne savais pas que vous étiez avec monsieur, madame, c'est pour ça que je ne parlais qu'au monsieur, madame, ce que je dis au monsieur, je le dis aussi à madame, monsieur... madame... monsieur...

... C'est un gouvernement d'os de lapin qu'on a.

Dans mon boulot, y a que la retraite qui m'intéresse.

Moi, une bombe atomique, ça me dissuade pas.

Je veux pas qu'on me mette dans un cimetière, dans les cimetières, y a que des vieux.

Après la douche, j'ai les couilles, on dirait les Beatles.

Beaucoup d'inventions se sont faites pendant la sieste comme Newton avec sa pomme ou l'autre con avec son hélicoptère...

Archimède du dramatique ?

La jeunesse a plus de repères.
– On est quand même là, nous.
– Nous ? À quelle heure ?

Y a du monde au balcon !
– Il y a de la place en salle.
– Non, moi c'est le balcon.

La journée du sida ? Quand ? Aujourd'hui ? Ah bon j'ai pas vu.

C'est clair aujourd'hui, on dirait qu'il y a eu un changement d'heure encore.
– Non, ça fait matinée.

Avec le téléphone cellulaire, finalement, on en revient au système de communication des abeilles, si j'ai bien compris...

Le chômage a tout envahi, même le corps humain, voyez le sida, c'est une sorte de chômage des défenses immunitaires.

C'est mai 68 qui se prépare.
– En décembre ? Vous êtes pas en retard à EDF.

Moi je suis pour la disparition de l'homme de la Terre, et je le dis.

Il est tout mou, un coup de poing dans la gueule, ça lui fait des ronds dans l'eau.

C'est très mauvais de ne pas parler.
– Je la force à parler, elle dit n'importe quoi mais elle parle.
– C'est mieux.

C'est l'Allemagne qui décide la politique économique de la France, je te dis que c'est l'Allemagne...
– Et le...
– C'est l'Allemagne je te dis qui décide.
– Le mark.
– C'est l'Allemagne qui décide.
– ...

T'es pas islamiste ?
– Pas du tout, je bois comme un trou.

... à cause de la grève de la CNCF.
– SNCF.
– C'est ma grand-mère qui disait CNCF.
– Vous êtes pas obligée de dire comme votre grand-mère.
– C'est pas ça qui va faire repartir les trains...
– C'est vrai.
– ... à cause de la grève de la CNCF, c'est le désert aux Galeries Fayette.

La retraite, c'est le dernier moment de la vie pour tirer un coup, ils vont pas nous retarder ça, c'est moi qui te l'dis !

Faut rien demander aux patrons, faut exiger !
– Holà holà doucement...
– Pas vous.

Holà ! Soulevez son sac !
– J'ai toutes mes affaires dedans.
– Holà mais venez soulever le sac d'Élise, venez ! Pas étonnant que vous ayez mal aux reins madame Élise.
– J'ai toutes mes affaires dedans, chaque fois que je sors, ils rentrent chez moi et ils me cambriolent, ils sont trois quatre comme ça, ils rentrent chez moi dès que je m'en vais.
– Soulevez son sac !
– Houlà, en effet, mais qu'est-ce qu'il y a là-dedans ?
– Toutes ses affaires.
– Toutes mes affaires pour pas qu'on me vole chez moi.
– Il a dû voyager ce sac.
– Ils entrent comme chez eux et ils me prennent tout.
– Eh ben...
– Eh ben...
– Dites donc.

Les gens en ont assez... qu'est-ce que vous voulez que je vous dise, ils en ont assez les gens... les gens en ont assez, c'est ça aussi, les gens, ils en ont assez.

On nous a fait tout un fromage avec la guerre en Bosnie et finalement c'est fini.

Dans le gros con, tout est bon.

Juppé s'est tiré à Bordeaux, Chirac en Afrique...
– Quelle bande de trouillards...

C'est le grattage qui a tué le cheval.

L'œil du cyclone, c'est le seul endroit du cyclone qui respecte les lunettes.

La musique en voiture est aussi dangereuse que l'alcool, t'en vois passer des fois, la musique à fond, on se demande même si ils sont pas bourrés tellement ça hurle.
– Ou qui téléphonent d'une main.
– Ou qui ont une main prise, oui.

Plus ils reculeront notre retraite, plus on avancera la leur.

Te cure pas le nez, ça donne le cancer.

Vous savez combien ils gagnent à la télé pendant que nous on la regarde ?

On est des otages !
– Qu'est-ce que vous buvez ?

On n'arrive jamais à faire plaisir à tout le monde quand y a plus de dix personnes à table, alors je sais pas comment à la télé ils font soi-disant plaisir à des millions de gens en même temps...

J'aime bien la poésie, ça change un peu du reste, je trouve.

Dans l'imaginaire de Flaubert, vous avez tous les ingrédients pour un bon livre...

Si j'avais un conseil pour notre Premier ministre...
– Tu te le gardes.
– Je lui dirais.
– Ta gueule.
– C'est ça.

Le microbe est une sorte d'animal domestique, finalement...

La moitié du dictionnaire, c'est des mots pour les vieux.

Prostate !

Juppé, tu sais ce que je lui fais à Juppé ?
– …
– Je lui fais éplucher des radis.
– Ah bon.
– Ah oui.

Traverser l'Atlantique, c'est une grande aventure, t'arrives, tu manges des moules…

Franc-maçon, ça n'a rien à voir avec nous, les maçons.

Moi je l'encule.
– Toi, c'est pas ta discussion.

Jamais personne ne fait des jeux de mots dans le quartier.

Les jeunes vont plus aux courses, les jeunes, ils vont au tabac s'acheter un Millionnaire, voilà les jeunes, ils n'aiment plus l'animal.

On vend tout ce qu'il y a au Louvre et la pauvreté en France disparaît.
– Tu parles, ça fait longtemps que c'est vendu, au Louvre, c'est que des faux.

La loi c'est pour tout le monde, Pierre, Paul, Jacques, tout le monde.
– Vous ne connaissez pas beaucoup de monde.

À la tête de l'État, il nous faudrait des privés.
– Ah oui certainement, comme aux États-Unis, un gars de chez IBM.
– Juppé n'a même plus de cheveux, comment voulez-vous aussi...

Juppé, c'est un fonctionnaire aussi, si tu crois qu'il va les abandonner ses privilèges...

Dans le cinéma français, les poursuites de voitures se font avec des voitures françaises, c'est pour ça aussi qu'on va pas les voir...

Quand ils disent, un film plein de vie, tu peux être sûr que c'est une merde.

Ça va mieux, la dernière fois t'avais les béquilles.
– Ça va, je marche, mais je fais attention, quand je suis bourré je prends la voiture.

Les Deschiens, c'est un peu du Coluche, mais plus comme nous, habillé normal.

Si tous les pauvres mettent leur argent en commun, ça fera un énorme riche avec des millions de pieds.

C'est le travail qui fait le Français, comment tu veux devenir français si y a pas de travail ?

Pour un jeune de maintenant, le bonheur c'est plus que ça, gagner au Loto et pas avoir le sida.
– C'est déjà pas mal.

J'ai été scout, légionnaire, j'ai tout fait.

Un chat dans les bras de quelqu'un est plus intelligent qu'un chat posé par terre, grâce à la transmission.

J'ai la chiasse.
– Téléphone à Mireille Dumas, elle adore ça.

Ils ont montré l'enterrement de Zitrone à la télé mais comme avant ils avaient montré l'enterrement de Rabin, j'en avais déjà marre avant que ça commence.

Les étudiants, on s'en fout, ça ne sert à rien.

Juppé joue le pourrissement.
– Et dire qu'il vient d'avoir un bébé...

Le cinéma espagnol, c'est facile à reconnaître, les actrices ont des pifs longs comme ça.

Le riche d'aujourd'hui ne donne plus tellement envie d'être riche.

Moitié moins de ventes dans les grands magasins à cause des grèves et personne ne manque de rien.
– C'est les nouveaux mystères de Paris.

J'aime pas parler avec toi, tu fais de la politique politicienne.
– J'aime pas boire avec toi, tu fais de l'apéritif apérititicien.

Tapie, en prison, il va se branler, tout le monde se branle en prison.
– Pas Tapie, il se payera quelqu'un.
– Le temps passe vite.
– Moi je trouve pas.
– Évidemment, le café est à vous.

On est tombés sur les plus cons !

Le sommet de la Francophonie en Afrique, ça veut tout dire.

Tout ce sida, ça doit bien arranger quelqu'un, va…

En naissant, vraiment, lui, il s'est trompé de porte.
– Il écrit de la poésie avec un stylo.
– Au fond, c'est la meilleure.

Les gens qui meurent, ça fait de la place pour les gens qui naissent.
– Quand je suis né personne est mort parce que tu verrais dans combien de mètres carrés j'habite…

Ce soir on vous met, ce
soir on vous met, le feu ! Ce
soir on vous met, ce soir on
vous met, le feu ! Ce soir on
vous met, ce soir on vous
met, le feu ! Ce soir on vous
met, ce soir on vous met, le
feu ! Ce soir on vous met,
ce soir on vous met, le feu !
Ce soir on vous met, ce soir
on vous met, le feu ! Ce soir
on vous met, ce soir on
vous met le feu ! Ce soir on
vous met, ce soir on vous
met, le feu ! Ce soir on vous
met, ce soir on vous met, le
feu ! Ce soir on vous met,
ce soir on vous met, le feu !
Ce soir on vous met, ce soir
on vous met, le feu ! Ce soir
on vous met, ce soir on
vous met, le feu ! Ce soir on
vous met, ce soir on vous
met, le feu ! Ce soir on vous
met, ce soir on vous met, le
feu ! Ce soir on vous met,
ce soir on vous met, le feu !
Ce soir on vous met, ce soir
on vous met, le feu ! Ce soir
on vous met, ce soir on
vous met, le feu ! Ce soir on
vous met, ce soir on vous
met, le feu ! Ce soir on vous
met, ce soir on vous met, le
feu ! Ce soir on vous met,
ce soir on vous met, le feu !
Ce soir on vous met, ce soir
on vous met, le feu ! Ce soir
on vous met, ce soir on
vous met, le feu ! Ce soir on
vous met, ce soir on vous
met, le feu ! Ce soir on vous
met, ce soir on vous met, le
feu ! Ce soir on vous met,
ce soir on vous met, le feu !
Ce soir on vous met, ce soir
on vous met, le feu ! Ce soir
on vous met, ce soir on
vous met, le feu ! Ce soir on
vous met, ce soir on vous
met, le feu ! Ce soir on vous
met, ce soir on vous met, le
feu ! Ce soir on vous met,
ce soir on vous met, le feu !
Ce soir on vous met, ce soir
on vous met le feu ! Ce soir
on vous met, ce soir on
vous met, le feu ! Ce soir on
vous met, ce soir on vous
met, le feu ! Ce soir on vous
met, ce soir on vous met, le
feu ! Ce soir on vous met,
ce soir on vous met, le feu !
Ce soir on vous met, ce soir
on vous met, le feu ! Ce soir
on vous met, ce soir on
vous met, le feu ! Ce soir on
vous met, ce soir on vous
met, le feu ! Ce soir on vous
met, ce soir on vous met, le
feu ! Ce soir on vous met,
ce soir on vous met, le feu !
Ce soir on vous met, ce soir
on vous met, le feu ! Ce soir
on vous met, ce soir on
vous met, le feu ! Ce soir on
vous met, ce soir on vous
met, le feu ! Ce soir on vous
met, ce soir on vous met, le
feu ! Ce soir on vous met,
ce soir on vous met, le feu !
Ce soir on vous met, ce soir
on vous met, le feu ! Ce soir
on vous met, ce soir on

vous met, le feu ! Ce soir on vous met, ce soir on vous met, le feu !
...Putain, on se marre !

Une couille de pape, c'est collector.

Les photos, maintenant, ça se trafique.
– Il est jaloux !
– Ta carpe, j'aurais voulu la voir là, devant mes yeux…
– Dis pas de conneries.
– La moitié des infos c'est bidon maintenant, alors ta photo…
– Quinze kilos.
– C'est ça, c'est ça…

C'est le charnier de Timisoara, sa carpe…

… Comme le monstre du loch Ness, on n'a jamais retrouvé une merde qui flotte.

… Ça sert au tourisme, une poule géante, et t'as du monde à la ferme, c'est le même principe que la tour Eiffel, ni plus ni moins.

C'est pendant les grèves des transports qu'on redevient le plus des fourmis vues d'avion.

Ils réquisitionnent des autocars pour transporter les gens dans les embouteillages, non mais je vous jure que c'est pas une connerie que je raconte, des autocars !
– Comme vous dites, c'est vraiment des pointus.

En mai 68, on n'avait pas ce froid-là.

Toutes les tailles de chaussures devraient être au même prix, c'est vrai quoi, on ne choisit pas ses pieds.

Il pleut.
– Ça nous rajeunit pas.
– Chut.

Dalida est en chacun de nous.
– Moi j'ai les pieds.

C'est un gouvernement avec qui on ne peut pas discuter.
– On se croirait chez Dechavanne.

Il est passé Duracell ?
– Il est passé, il est reparti.

C'est l'occasion de marcher à pied ces grèves.
– Comme occasion, ça vaudra jamais les champignons.

Dans les grands fonds, on est bourré.
– Oui, c'est l'alcoolisme des profondeurs.

Quand tu meurs, c'est beaucoup plus calme que d'ordinaire, c'est comme ça que tu le sais que tu meurs.
- Quoi ?
– Que tu meurs, c'est calme.
– Je sais, ils l'ont dit.

L'alcoolisme des profondeurs est bien connu, il est même réputé.

Un trou de cigarette
dans la moquette, vous
auriez vu l'incendie.

*... On était six
sur l'autoroute A6,
comme son nom
l'indique...*

Avec ce brouillard,
à midi, c'était l'éclipse.

Chez Fauchon, ils
s'en foutent des
grèves, ils viennent
en hélicoptère.

Des boutons partout sur
la figure, une vraie éruption
volcanique !

Les communications
auront tué la coïncidence.
– ...

*EDF a ouvert un
barrage, ça a fait
monter l'eau et ils
ont noyé vingt
gosses.
– Ils auraient fait
grève, ils auraient
tué personne.*

Ça se recoud une bite
maintenant.

Il parle vite
tellement vite,
c'est comme
si il parle à la
vitesse du son.

Il a la timidité
des vrais cons.

Quand on pète, ça fait
boum parce que ça va vite
comme les avions.

Ce déménagement,
ça a été un tremblement
de terre !

Moi une fois, je laisse le robinet ouvert, alors là, le raz de marée.

… gros comme
un camion.

Une fatigue,
pire que le sida.

Tous ces prospectus,
c'est une vraie épidémie.

… petit comme
un nain.

Son professeur
de mathématiques,
une peste !

… Ce ne sont que des prurits de sentiments, il veut ça, des excroissances, quelque chose comme ça que tu sors de toi d'un coup, je n'y arrive pas, je peux pas, jouer la haine, il veut que je joue la haine, moi, c'est plus fort que moi, je peux pas aller chercher en moi une chose qui m'est étrangère, je peux le refuser ce jeu-là, je peux mais comment aussi, je peux refuser que le personnage s'installe en moi, naisse en moi, il veut ça, une dévolution qui est la diminution du comédien, je ne sais pas ce qu'il veut mais lui qui est extérieur nous demande des choses je ne sais pas si je vais pas laisser tomber, une dévolution à l'intérieur, Galabru, c'est pareil, il hurle, des choses qui poussent sur lui, des mots, de la comédie, mais attention, quel cynisme par rapport à nous, je sais pas si je vais la finir cette école, je vais refaire du dessin…

Y aura toujours des maladies, c'est pour ça que j'aimerais bien qu'il fasse docteur, il aura toujours du travail, des gens malades vous en aurez tout le temps, je n'aimerais pas tellement mourir comme une fouine qu'on retrouve par terre dans les bois et qu'on ne sache pas de quoi je suis morte... sinon, plombier... c'est pareil.

Tu sais combien ils gagnent les journalistes comme Nagui ? Et Anne Sinclair ? Et Pradel ? Moi j'y crois plus à ce qu'on lit dans les journaux tant que c'est des mecs comme Bouvard qui écrivent dedans, ils bouffent avec Tapie et après ils téléphonent à Chirac pour avoir un appartement gratuit, le premier coup de téléphone quand il a été élu, c'est à Patrick Sébastien qu'il l'a passé Chirac, et après il est allé bouffer avec Line Renaud qui lui choisit ses costumes, non mais c'est quoi cette société où Juppé fait des gosses alors que les ouvriers ne peuvent pas ?

Il est bavard, mais bavard, comme une langue !

J'étais mort mort mort mort...

Il voit les pièces par terre, même les petites, comme un aigle.

... bossu comme un cartable.

On s'endort doucement et on meurt de froid, il ne faut surtout pas s'endormir quand on est dans la montagne.
– Moi je rigole, je parle, je m'amuse tout le temps, le cafard connais pas, bon pied bon œil, toujours d'attaque, vous ne risquez pas de vous endormir avec moi !

Personne dans le magasin, le désert comme sur la Lune.

Un tas de poubelles pas ramassées haut comme ça sur le trottoir, sans mentir, une montagne !

Très franchement, je ne vous mens pas, il mange comme un ogre.
– Je vous crois.

De la soupe partout, une vraie mare...

Sept dans un ascenseur pour cinq, c'était la fourmilière.

Ses phares éclairent encore pire que le soleil.

... Coiffé comme une couille.

La terre des géraniums toute craquelée comme au Sahel.

... Comme si on m'enfonçait un fer rouge dans le cul.

... grand comme un géant.

Platini, on le connaît mal.

Le vrai problème, c'est que le Français est un fainéant.

... Sinon c'est pas possible...

Chez nous, c'est l'oignon le grand maître.

... Voyons...

Il est impatient, on dirait... euh.. on dirait... euh... comme... euh...
– Vous cherchez un impatient célèbre ?

L'ail, jamais le midi quand je travaille.

J'ai dit quoi ?
– C'est pas grave, je ne sais pas.

Il va comment ?
– Il est actuellement décédé.

J'aime pas marcher, de toute façon, je n'ai jamais été manuel.

Il y a certains nuages qui ne pleuvent jamais, ils ne servent que pour la vue.

Il ne fait rien, il boit, il sue le vin.
– Excuse, mais si il sue c'est qu'il fait quelque chose.

Il n'y a pas tellement d'élevage à Monaco, moi je n'ai pas vu de vaches.

Deux heures par nuit, comme Napoléon, et le matin je me réveille, je suis crevé.
– Comme Napoléon.
– Moins, quand même.

C'est la télé qui mélange tout avec ses débats.
– Ça n'est pas fait pour ça.

Les révélations des journaux d'année en année l'un dans l'autre ça finit toujours par être les mêmes, dans un siècle t'as peut-être une douzaine de numéros importants qu'il faut acheter, le reste, c'est que du papier.

... elle est pénible, elle sait trop de choses.

Il a pas de mérite d'être malade, il est vieux.

Ceux qui sont au-dessus de la normale, j'appelle pas ça des normaux.

Les génies sont malheureux d'ailleurs.
– On ne va pas les plaindre.
– Je ne plains pas les génies, je dis seulement que ça ne va pas pour eux... et après tout, c'est de naissance.
– Comme les débiles, c'est de naissance, il n'y a que le normal qui se fasse tout seul.

On a mis les bouteilles qui servent, pas trop loin de la main, et les bouteilles pour faire joli, de toute façon on n'en a pas beaucoup.

C'est pareil.
– En mai 68, les gens voulaient du bonheur, aujourd'hui, ils veulent du boulot, c'est pas pareil.

La France est faible, on la prend en otage, pardi, faites la même chose chez les Américains, trois bus en grève, les Américains iront pas à pied, je vous le garantis !

Côtes-du-rhône white.
– ?
– Si.
– Connais pas.
– Mais si, réfléchis.

Quatre heures pour rentrer dans Paris !
– Qu'est-ce que vous avez tous à vouloir rentrer dans Paris ?

Tu m'en veux pour hier ?
– Toi, t'es un enculé !

L'imagination ne peut pas être au pouvoir, elle est même pas dans la rue.

Retire ce que tu viens de dire ! Retire ! Retire tout de suite !

Le Français se plaint tout le temps.
– Moins que le Corse.

Atchoum !
– Santé.

Tu rentres tout de suite à la maison !

J'ai pris un sandwich et une bière.
– Comme Maigret.

Après, le système s'inverse, tu as l'impression que le roi a pris le nom d'une rue.

... moi quand je jouais de la batterie j'accélérais pas ni je ralentissais pas.

Les clowns dans les hôpitaux pour faire rire les petits enfants malades, d'accord, mais attention, il faut qu'ils soient bien désinfectés avant, sinon, ça fait plus de mal que de bien.

... prends pas une côte rôtie, on travaille après, pour le travail prends bière ou pastis voyons, c'est bien mieux.

Allez savoir ce qui se passe dans le cerveau humain, c'est tellement spécial pour chaque personne aussi, vous avez autant de cerveaux finalement que de gens...

Le noyau dans l'olive a juste la place qu'il lui faut, c'est tout un calcul qui se fait naturellement.

Regarde-le ! Regarde-le comme il marche de travers !
– Ça, c'est encore un Camille.

Les cocktails de toutes les couleurs, non non, je suis pas Ripolin, non non, une couleur pas plus, il faut se faire ses limites, personne ne les fera à notre place.

Le vrai montagnard a une relation privilégiée avec son bonnet, quand il le perd, il est malheureux, quand il le retrouve, il est heureux.

Des hectares et des hectares de vignes ! Tout le fond de la vallée tapissé !

Je mets des brins d'herbe les uns à côté des autres et moi aussi je t'en construis des stades, il me faudra pas des milliards d'argent !

Si tu bois pour pas être saoul, tu t'abîmes la santé pour rien, autant pas boire.

Ces enfoirés d'EDF qui te coupent le jus, et puis d'abord elle est pas à eux l'électricité, la prise elle est à moi puisque à côté j'assois ma femme.

Son chien chie de travers, il fait comme les serpents, tu sais, les serpents.
– Je sais pas.
– Les serpents.
– …
– Qui se tournent.
– Je sais pas.

Le port de Marseille, tu verrais, c'est le Disneyland des bistrots.

Je l'ai regardé hier matin qu'il était vieux, tout le train arrière qui traînait un peu, alors qu'avant-hier il marchait normalement, de toute façon les poils blancs il les a toujours eus, alors on ne peut pas juger avec ça, les yeux qui pleurent aussi et il a été toujours de sa taille petit, il a jamais bougé ce chien, sauf hier qu'il est devenu vieux d'un coup, ça m'a fait drôle, hier, mardi pour être précis.
– Mardi ?
– Hier, pourtant, la veille, on n'a rien fait de spécial.

Le rêve n'existe plus.
– Moi j'ai bien dormi.
– …
– Je blague.

L'apéritif est mon métier.

Beau métier.

Poulet-frites, jambon-coquillettes, boudin-purée, moi je sors pas de là.

Le couscous, c'est un genre de choucroute.

C'est arrivé des fois, l'archer tire en l'air, sa flèche monte et elle lui retombe dessus, elle se plante dans le casque.
– C'est peut-être arrivé une fois, mais plusieurs fois, je crois pas, c'est pas parce que c'était le Moyen Âge qu'on n'exagérait pas.

De la moquette partout, et tout, chez lui, c'est pas prévu pour renverser, c'est même pas la peine qu'il invite quelqu'un.

J'ai bu un coup de rosé.
– Quand ?
– T'à l'heure.
– Où ?
– Dans la rue du bourg.
– Tu fais des trucs, tu pourrais prévenir.

Y en a qui préfèrent la bouteille, y en a qui préfèrent la pression, ça dépend de l'homme.
– Pression.

N'importe quel musée, c'est de l'art en prison.
– Pas le musée du cidre.
– N'importe quel musée.
– Là c'est de la mauvaise foi.
– N'importe quel musée.

Laure Adler, elle est bonne, je la bourre Laure Adler, elle est bonne.

... et blablabli, et blablabla ...

Va pas en Grèce, tu vas tourner en rond.

Ils ont libéré les pilotes français le jour des plus fortes manifestations CGT, comme par hasard, si tout ça c'est pas de la magouille, alors je sais pas ce que c'est...

Le petit déjeuner c'est le repas le plus important de la journée, c'est pour ça que je bois du bon blanc.

Au regard d'autres professions, on boit comme les autres professions.

Le Japon refuse que les oiseaux se posent, ils mettent des pétards, ils refusent tous les grands vols.

La France est devenue un pays du Sud, déjà, on a la même télé qu'en Italie.

Excusez-moi, je vous laisse deux secondes, j'ai envie de faire pipi.
– Moi non.

... On en a eu pas tellement des chats qui sont tombés dans le vin rouge qui fermente cette année.

La version officielle, c'est qu'il a chanté jusqu'à ce qu'on le vire.
– Moi, c'est pas ce qu'on m'a dit.

La couille la plus virile, c'est la noix de coco.

... *et blabli et blablo...*

J'étais contrariée, je n'ai rien avalé.

Ça finira mal tes conneries... arrête... arrête !... arrête ! j'aime pas qu'on me chatouille, j'aime pas qu'on me chatouille, arrête, c'est tout...

Elles ont les doigts de pieds très écartés et comme elles sont souples elles fument avec le cul pour les touristes.
– Ils sont travailleurs dans ces pays, mais là, c'est exagéré.

La meilleure condition de travail c'est les vacances.

Bon... je vais sortir dehors un peu...

Édith Cresson, c'était un Juppé avec des couilles.

Maison Garnier !

Sur une île déserte, moi j'emmène du monde, si j'ai le choix.

L'oblitération de La Poste, c'est le dernier saint sacrement.

D'abord, c'est pas ma camionnette !
– Raison de plus.

On a un microclimat, ici, y a que des cons.

Me faire venir un clown, me maquiller, tu m'aurais pas fait faire ça quand j'étais gosse !
– Même dans les films américains quand y a un clown qui vient à la maison c'est toujours minable.
– Il vient pour tuer les enfants, souvent.
– C'est vrai.

Dans *E.T.* c'est pas un clown, c'est un serpent.

La France sera toujours coupée en deux, si c'est pas les pauvres et les riches, c'est le temps qu'il fait au-dessus de la Loire et en dessous de la Loire et si c'est pas ça, ça sera du saucisson.

Du vin blanc j'évite d'en boire trop parce qu'après le lendemain matin, t'es Malraux, enfin moi en tous les cas, je suis Malraux.

Il s'endormait au bout de la table.
– Quand il est dans cet état, il commence à ressembler à sa maman.

C'est plus la peine de parler sexualité aux enfants, ils savent tout, à cinq ans ils ont des cahiers avec Claudia Schiffer dessus.
– Moi j'avais rien sur mes cahiers, ça m'a pas empêché de me marier.
– Moi le lapin du pain d'épice.
– Non, ça, c'est les buvards.
– Enfin bref, le lapin m'a pas empêché.

Le bon poireau-vinaigrette, c'est de la haute technologie, tout compris le poireau, la vinaigrette, le gaz, n'empêche... n'empêche... n'empêche.

Le vent par chez nous, c'est une girouette.

En forme ?
– En forme de quoi ?
– ...

L'amiante à l'école... ah je ne sais pas... en quelle classe ?

... elle est pas jeune celle-là.

Et moi, j'ai pas soif ?
– Ah pardon, je croyais que vous étiez servi.
– Si tu vas par là, le boulanger doit partir en retraite avant le pâtissier sous prétexte que boulanger c'est plus pénible que pâtissier.
– Pourquoi pas ?
– Allons, voyons.
– Si, c'est vrai.
– Faire une baguette, c'est pas plus pénible qu'un éclair au chocolat.
– La baguette, non, mais le pain de campagne.
– Et le pudding alors, si on va par là, c'est plus dur que la baguette et le pâtissier va pas partir avant le boulanger, allons, non.
– Le poissonnier, avoue que c'est plus dur.
– C'est un faux débat.
– Le poissonnier par rapport aux conditions de travail du pâtissier, c'est pas un faux débat ! Loin de là.
– Mais si.
– Mais non.
– Alors dans ce cas, le gars qui boit doit partir avant celui qui sert.
– Oui !

J'en ai toujours fait de l'image de synthèse, je fais des puzzles.

Une grève de plusieurs années, la France disparaît comme les Aztèques.

Vous ne trouverez pas dans l'anglais les subtilités du français.

Faut vous remuer ! Faut pas rester là toute la journée !
– Je me remue.
– Je suis sérieuse.
– Je me remue.
– Posez votre verre quand je vous parle !
– Je le remue.
– !
– ... me... au temps pour moi.

Vous n'avez pas refait le plafond ?
– Si.
– Vous avez remis des moulures ?
– On l'a refait à l'ancienne, vous êtes du métier ?
– Je venais ici avant.
– Ah...
– Je l'ai vu tourner quelques fois ce plafond !
– Oh vous savez, ça continue.
– Donnez-moi un demi.

... elle est à qui la voiture rouge qui descend toute seule ?

Tout le bas du corps, on est faits comme les animaux.

Le non-dit, pas chez moi.

C'est pour ça qu'ils protègent les nantis.
– Chirac, Juppé, EDF, ce sont tous les mêmes, on peut pas les virer, ce sont des fonctionnaires.

Nous avons Claude en ligne... bonjour Claude.
– Un pastis.
– Tout de suite, Claude.

Je ne connais aucun nom de chanteur.
– Georges Brassens.
– Qui ?

Savoir des choses ça sert à rien, tu peux tout savoir en deux secondes maintenant, paf si t'en as besoin, hop, tu te sers, et voilà, se remplir la tête c'est aussi con que porter un gros cartable au dos, ouf, et tout ce que tu veux savoir d'intéressant ou d'utile comme tu veux ça tient sur une disquette, zlac, tu veux savoir les pays, crac, tu mets la disquette, toc, ou tu les as sur Minitel même, un coup de fil, dring, hop, alors la tête, moi, je me la garde pour le boulot et crac faire le con.
– Le chinois pareil, il est sur une disquette.
– Mais ouais, paf, t'as le chinois, et zong ting tong !

À la météo, ils ont des bureaux sans fenêtre, comment veux-tu qu'ils donnent le bon temps, ils voient pas dehors.

Impossible de trouver les chambres, personne pour renseigner, des panneaux dans le hall et après plus rien, des couloirs, des couloirs, c'est une salade folle de gens malades cet hôpital.

Vous êtes gaucher ?
– Oui, c'est ma marque de fabrique.

… Saumon fumé, huîtres, escargots, que du bon…

Qu'est-ce que je vais pouvoir leur acheter, mais qu'est-ce que je vais pouvoir leur acheter ? Donnez-moi une idée vous.
– Je ne les connais pas… qu'est-ce qu'ils aiment ?
– Rien !

Sur ma tombe, je ferai mettre, ci-gît un branleur.
– Bon courage, personne te le fera.

Je prèfère le journal comme lecture, c'est écrit normalement et ça se jette facilement.
– Facilement, facilement, ça fait quand même une grosse boule.

... les huîtres, on va les chercher demain...

Le diable, si ça se trouve c'est moi, et tu me parles.
– Je te parle pas, je t'écoute.

La tour Montparnasse, t'as autant de caves en dessous.

Bonjour madame Gigi.
– Bonjour monsieur Gégé.

La volonté, il faut que ce soit le jour même, c'est ça la volonté, c'est tout de suite, et c'est pas le plus facile, quand t'as la volonté immédiate tu as déjà de l'avance sur les autres, les décideurs c'est ça, ils décident, d'accord, mais tout de suite, ça, c'est le vrai gagnant, sinon tu parles, si c'est demain la décision, moi, je suis décideur dans ce cas, et salut à demain à la même heure au même endroit !
– Et les demis, qui c'est qui les paye ?
– C'est Gaston.

Jamais tu verras un chien de la police avec un petit pull.

Un mec qui fait des autopsies toute la journée, le soir quand il rentre chez lui, il est content de mettre les pieds sous la table.

Et tes lunettes ?
– Explosées.

La dinde c'est sec, et alors ?

Deux chapons.
– Deux ! Houlà !
– On est quinze, qu'est-ce que tu veux…

J'ai souvent un moins bon contact avec les enfants qu'avec les animaux, d'ailleurs avec mes enfants on ne s'entend pas bien, ils me mordent.

Brrrrrrrrr…

C'est possible que ça bouge tout seul un cadre ?
– Je sais pas, faut demander au Louvre.

Un *Iris* de Van Gogh à plusieurs milliards, pour moi c'est un timbre.

– Brrrrrrrrr...

Croque-monsieur... camembert... Vache qui rit... allumette... robinet... phares d'auto... jambon-beurre... serpillière... saucisson... Ajax-vitres... reblochon... mars-avril... papier-lettre... autobus... assassin... beurre salé... coquillette... pomme de terre... ratatouille... réveillon... midi pile... coq au vin... bol de riz... Bartissol... grand calva... enculade... peau d'oignon... domestique... ambulance... rosé bien frais... steak bien cuit... bonne odeur... tiroir-caisse... CD-Rom... Ariel liquide... pousse ton cul... avalanche... jus de raisin... stylo-bille... gros pédé... lampe de poche... j'ai pas l'heure... grosse bidouille... fausse facture... cinq demis... tout ça, ça fait des jolis noms de bateaux, tout dépend comment tu prononces...

Ce qu'il faut savoir, c'est que personne n'aime travailler.

... Quand on sait ça, on sait tout.

Miss Yonne, c'est moins bien que Miss Bourgogne puisque l'Yonne c'est en Bourgogne.
– Miss Yonne, c'est mieux que rien.

C'est pour les enfants qu'on refait un autre enfant parce que si c'était que pour nous, quatre, ça suffit.

J'ai jamais compris pourquoi c'est écrit Pierre Cardin en gros sur les habits, c'est d'un plouc !

C'est bon pour le commerce tout ce vent glacé.

Le ?
– Jacuzzi des pieds.
– Le quoi ?
– Jacuzzi des pieds... cet appareil procure à vos pieds un massage tonifiant... le bain bouillonnant est un luxe que vous devez à vos pieds...
– Je leur dois rien à mes pieds.

On n'a pas à faire des complexes, vous avez revu *Fantomas* avec Jean Marais, ils l'ont repassé, avec de Funès, il est aussi bien maquillé que *La Guerre des étoiles*, personne le reconnaît, pas même le commissaire.

La Noël, c'est la plus belle fête du calendrier, après le prix de l'Arc-de-triomphe.

Le Père Noël j'aime pas la couleur rouge.
– C'est pas pour boire !

Le jour de Noël, à minuit, c'est la nuit de Noël.

Je chante comme Johnny Hallyday mais je suis pas lui.
– De toute façon à cette heure-là, il est pas debout.

Noël, je sais pas qui a eu l'idée, mais c'est une bonne idée.

Vous savez ce qu'il préfère manger dans l'intérieur du crabe ? Le caca orange.
– Et vous lui en faites ?
– Je ne lui en fais plus.

Pendant la dernière guerre, à part de Gaulle, tout le monde était pour Le Pen.

Hitler, télé, mais de Gaulle, radio.

Attention ! Les sapins coupés viennent de Malaisie et il y a des mygales dedans.
– Ah bon ? C'est nouveau ça... plus ça va, plus c'est compliqué de faire ses courses.

Ça ne se fait plus, la messe de minuit.
– À la campagne.
– À la campagne, il n'y a plus rien, à part la télé... le jour de Noël à minuit, à la campagne, tout le monde est débile.

Quand il est saoul, il se guide à l'éclairage public comme les anciens navigateurs.

Nous, c'est la dinde aux marrons, c'est sacré !
– Elle est bénie votre dinde ?
– C'est une formule.

Tout le monde sort bourré de la salle polyvalente, alors je sais pas où ils sont allés voir qu'elle est polyvalente cette salle !

Vous avez de la famille à réveillonner ?
– Que des connards ! Vous voulez venir ?

... C'est ce que je dis à mon gosse, si tu vas dans un jeu télé, attention à la drogue.

C'est à Besançon qu'on a été les plus heureux.
– Besançon ? J'aurais pas dit ça.

Escalope de foie gras poêlé caramélisée, salade de pinces de homards au jus de truffes, médaillons de lottes à la bourguignonne, cœur de charolais en croûte périgourdin, crottin de Chavignol chaud en salade et surprise du chef.
– C'est quoi ?
– Quoi ?
– La surprise du chef.
– Un dessert surprise.
– Quoi comme dessert ?
– La surprise du chef.
– Une merde de meringue à dix balles, non non, moi je veux pas me retrouver à 2 heures du matin devant une merde de meringue à dix balles, alors ou le chef donne des précisions, ou on va ailleurs ! Non non non... c'est trop sérieux.

... apporte-moi ci, apporte-moi ça, moi je suis impeccable pour ça, si mon mari est paralysé, ça ne me gêne pas, ça ne me changera pas, je ne suis pas comme George Sand, je ne partirai pas avec le docteur...

Il faudrait obliger les vieux à porter des costumes folkloriques.
– Ça sera toujours mieux que ce qu'ils portent.
– Les Noirs font ça, traversez les villages africains, vous savez où vous êtes.

La Noël, c'est pas scientifique.
– Les scientifiques, ils se prennent les cadeaux, comme tout le monde.

J'ai horreur des fêtes obligatoires !
– Tu l'as déjà dit l'année dernière.
– Je le pense.
– Tu l'as déjà dit l'année dernière.
– Bon... on boit quoi ?
– Tu as déjà pris ta cuite l'année dernière.

L'indépendance du Zaïre, ils doivent se la regretter parce que du coup ils n'ont plus les fêtes de fin d'année comme avant.
– On ne peut pas avoir et les indépendances et les réveillons.

La religion, c'est inventé par l'homme.
– L'homme est inventé par Dieu.
– Pas dans ma famille.
– Partout.
– Le Père Noël est inventé par Dieu ?
– Par l'homme.
– C'est ce que je dis, le Père Noël, c'est un homme inventé par l'homme, comme dans ma famille.

Manipulation mentale et destruction de la personnalité, soif d'argent et abrutissement de la société, la télé, c'est ni plus ni moins une secte.

À force de couper des sapins pour mettre des cadeaux, on rase des montagnes pour mettre des autoroutes !
– Pas de politique pendant les fêtes.

... moi je bois une cuillerée d'huile d'olive avant pour pas être malade quand je bois...

C'est pas le moment d'être autiste avec toutes les bonnes choses à manger...

C'est du sapin d'élevage maintenant, les troncs sont tout mous.

... trop de
Pères Noël tue
le Père Noël.

Suivre l'étoile du berger, ça se fait à pied, tu peux pas suivre une étoile et conduire en même temps.
– Tant pis, je suivrai autre chose.

La cohue dans les magasins, la cohue !
– Y a des Pères Noël ?
– Dix !
– Moi j'amène pas mes gosses, ils vont plus s'y retrouver.

Charles, il a des porte-chaussettes et Lady Di elle a des porte-jarretelles, tout le problème est là, sans rire...

Le foie gras ne fait pas grossir, comme le lard maigre ne fait pas maigrir non plus.
– Tant mieux.
– C'est le nom qui trompe.
– Tant mieux.

L'islam, t'as pas la Noël.
– Y a le ramadan.
– On bouffe pas pareil, excuse, question bouffe c'est pas pareil.

... les Rois Mages, moi, je leur demande les papiers.

Noël, Pâques, tout ça c'est du pareil au même.
– Pas du tout ! Pâques, y a pas d'huîtres.

Quand la banque est contente, c'est mauvais signe pour l'ouvrier.

Le soir de Noël, j'aime pas prendre le métro, tout le monde bande.
– Ah non, ça c'est la Saint-Sylvestre.

C'est le premier Noël où je vois autant de clochards.
– Ils font exprès de sortir, pour nous narguer.

... en me montrant Charlie Chaplin tout vieux sur la Cinquième ils m'ont tué Charlot, tu comprends, ils m'ont tué Charlot !

Les clochards, si je pouvais, je les logerais dans mes boules crème.
– Mais on ne peut pas.
– Non, on ne peut pas.

L'abus d'alcool est dangereux pour la santé mais je m'en fous, je suis tout le temps malade.

À force de vouloir faire des chefs-d'œuvre, on fait plus rien.

Je réfléchis pas
trop souvent parce
que ça m'abrutit
complètement.

Tu es devenu
inefficace.
– ?

*Ça prend des
proportions
dingues, elle
m'appelle quatre
fois par jour.*

J'ai failli renverser
mon verre, et je l'ai
pas cassé.
– T'es le miraculé
de Noël.

... Ça dépend de la
vitesse du vent la
vitesse de la feuille...

*Vous voulez
le fond de ma
pensée ? Je
n'aime pas les
fêtes.*

... je vais faire
une petite sieste
après...

*Le bermuda amincissant,
c'est bien ça, non ?*
– ...
– *Comme cadeau, non ?*

C'est que des mouquères parfumées à la fraise !

... il arrive à loucher avec les deux yeux au milieu là, comme ça, vous voyez, regardez, je louche là, vous voyez, je louche, regardez, ça c'est rien, il louche comme ça, c'est facile, mais aussi il louche avec un œil là et l'autre là, je ne sais pas le faire, moi, à part loucher comme ça, regardez, comme ça, je louche, on voit double, c'est facile à faire tout le monde le fait, lui, il louche aussi avec les deux yeux de l'autre côté comme ça, un ici, un là, de chaque côté de la tête, je ne le fais pas, je ne sais pas, et un en haut l'autre en bas, le contraire, un ici et l'autre là, vous savez le faire vous l'œil ici et l'autre œil là, essayez, vous savez le faire, vous le faites vous, comment vous le faites vous, oui... comme moi, vous louchez normalement comme moi, les deux ici, il les fait rouler comme des billes ses yeux, je ne sais pas comment il fait, ils sont dissociés comme les pattes de certains lézards, il sait les faire aller chacun avec son muscle à part, chaque œil est qu'un seul œil, alors que pour nous, chaque œil est les deux yeux puisqu'ils bougent comme les roues avant de certains véhicules, ils tournent dans ce sens-là et dans ce sens-là, solidairement, en louchant au milieu comme ça, ça tire sur le côté mais c'est facile, vous voyez double et loucher sur les côtés coupe l'image en deux, comme en déchirant certains papiers, c'est pour ça qu'il ne faut pas trop le faire, sinon à force de voir des images coupées en deux au milieu vous avez des problèmes d'équilibre comme certaines tribus africaines, ils sont grands et ils marchent en travers, comme nous des fois d'ailleurs, sans vouloir comparer nos façons de marcher, ni de danser, ils dansent plus longtemps, mieux ou pas mieux ou moins bien je ne sais pas, il faut s'y connaître et ça ne m'intéresse pas...

Appelle les
pompiers !...

Ils en mettent du
temps à arriver...

Faites attention
qu'elle se cogne pas
la tête !

Ah là là là là là là...

Mais qu'est-ce
qu'ils font ?

C'est triste
à voir.

Vous avez fait le
bon numéro ?
– Mais oui, mais
oui...

C'est triste
à voir.

*Elle est devenue
blanche d'un coup.
– Le sang part
dans les pieds, ne
lui marchez pas
sur les pieds !*

Ah les voilà !

Vous avez appelé les
pompiers ?
– Mais oui, mais oui.

Ah les voilà !

*Qu'est-ce qui s'est
passé ?
– Rien, elle a bu un
crème et elle est
tombée.
– Elle habite par ici ?
– Elle est bourrée du
matin au soir.
– Elle a rien bu ?
– Non, je vous dis, elle
a bu un crème et elle
est tombée... un grand
crème, même.*

Ah là là là là là,
c'est la misère
humaine.
– Quand elle a
fait tomber son
porte-monnaie,
c'était pas
tellement la
misère quand
il s'est ouvert,
vous avez vu ?

Un grand quoi ?
– Crème.
– Ah…

Un grand crème ?
– Un grand crème.

…C'est ça.

Un crème à quoi ?
– Au lait.
– C'est tout ?

Dites donc...

Ils ne mettent
pas la sirène en
repartant ?
– Pas avec une
folle à bord.

Ils vont la mettre
aux urgences
psychiatriques,
c'est une femme
qui tombe après
un crème.
– Oui… bien sûr…
aussi… bien sûr…

Ali Baba et les quarante voleurs avec Fernandel et à la radio c'est Mozart, comme tous les ans.

Depardieu, le mec du pinard ?

Avec tous ces Pères Noël dans les rues, moi je tiens mon portefeuille...

Les Guignols, c'est tous des mecs à Chirac, à cause du PSG.

Style la classe à fond les manettes.

Demain, je lui enlève les roulettes à son vélo.

C'est de là que vient la légende de Jésus qui marche sur l'eau, des poules d'eau.

Bayonne, c'est pas ce qu'il y a de plus mal comme jambon.

Deux mille neuf cents mètres, à mon avis, les derniers deux cents mètres vont être fatals pour lui, je l'ai écarté également...

Avec le munster, on a rarement de mauvaises surprises, rarement.

... le six, Sévruga,
une jument,
plus performante
sur cette distance,
peut-être...

C'est ce soir le
changement d'heure ?
– ?

Toi, quand t'es bourré,
tu bredouilles.

Si on mange
un couscous,
je prends mon
temps, tu es
prévenu.

La Noël, c'est une
fête de famille.
– Nous, on
réveillonne en
famille.
– C'est la seule fête
de famille où toute
la famille est malade
en même temps.

Houerk.
– Les héros
sont fatigués.

Ça me plaît pas
trop moi, toute cette
francophonie...

Ça me rappelle
quand j'étais petit.
– Quoi ?
– Tous ces cons
avec des paquets.

Ce soir-là,
le hibou
ne dort pas.
– ?

Elle m'a fait rouler mon boudin blanc par terre, j'ai rien dit.
– Ça va mieux les nerfs alors ?
– Mieux.

Michèle Morgan, c'est pas celle qui a des yeux de vache ?

On peut se rouler des pelles entre hommes si ça va pas plus loin.

Pas d'apéritif debout, il faut s'asseoir pour manger et là, tu as l'apéritif avant de manger.
– C'est une façon de te forcer la main aussi ça.

... Sur la brèche...

... Ça ira, la voiture connaît la route.

Il sait tout faire, il est à EDF, il a une perceuse.

La neige, c'est silencieux, un chanteur dans la neige, on ne l'entend pas.

Il va à la neige ?
– ...
– Avec son bonnet ?

Les trottoirs, c'est une vraie patinoire ! Et la mairie qui a même pas salé !
– Tout le sel, ça va dans la soupe du maire.

C'est la folie des ordinateurs, tous les gamins veulent des ordinateurs.
– À mon époque, le rêve, c'était un vélo, celui qui avait un vélo, attention !
– C'est pas avec des ordinateurs que les gamins vont faire du vélo.

On redevient tous des enfants.
– Pas moi !

Si t'encules le Père Noël, après il ne passe plus que tous les deux ans.

La Noël j'ai toujours le cafard.
– C'est pas fait pour des gens comme nous... nous, on a notre arrivée du beaujolais nouveau.
– Le beaujolais nouveau, j'ai toujours le cafard.
– Alors toi, tu vieillis mal !

L'huître, elle est juste à la taille de la coquille, il n'y a pas une pièce en plus dans une huître, vous avez remarqué ?

Sur les images, ils feraient bien de remplacer les rennes du Père Noël par des fusées.
– Des rennes qui volent, à mon avis, c'est beaucoup plus moderne que des fusées en fer.

Les huîtres, elles foutent rien, elles se font manger c'est tout.
– Comme les poules.
– Une poule ça picore.
– Comme du veau.
– Du veau ça tète.
– T'as raison, y a que les huîtres.

En deux jours, on mange en huîtres la distance de Terre à Lune.
– J'ouvre pas le haut de la pile.

Sur les autres planètes, c'est la Noël aussi, mais les cadeaux sont perdus puisque ça n'est pas habité.

... le retour du cent centilitres, faut pas rêver.

Quand on se regarde de près dans les boules, ça fait un gros nez.
– J'ai plus l'âge.

Avec le pipi du jour de Noël, on peut faire pousser un oranger.

... t'as mangé de la hyène ou quoi ?

Tu meurs, tu sors de ton corps, mais si tu revis quand la police elle a enlevé ton corps, pour rerentrer dans ton corps, faut courir derrière le car.
– C'est donbi tout ça.

Normalement, c'est une fête pour les pauvres.
– T'occupe, bois ton mousseux.

Tu pues de la gueule jusqu'aux oreilles !
– C'est pas de ma faute si j'ai une grande bouche.

Le foie gras, c'est une maladie du foie, comme nous, mais avec des truffes.

Je bois encore plus le jour de Noël que tous les autres jours parce que boire encore plus ça donne un petit air de fête.

Quoi de plus virtuel que le Père Noël ?
– Le boulot !

Celui qui a inventé la Noël c'est un mec qui devait tenir un magasin.

Je suis de gauche et je vote à droite, me demande pas pourquoi, j'ai toujours fait ça.

... la transe quand t'en vois, c'est un peu plus grave que nous avec deux verres à midi...

Un demi.
– ... idem.

Les mecs conduisent en transe et personne ne dit rien.

Les mygales qu'ils se mettent sur les mains ont plus les dents à venin, elles se promènent, ça fait peur mais c'est pas dangereux, c'est de la mygale à purée...

Les vraies bougies sur le sapin, c'est joli mais c'est dangereux, on veut faire plaisir aux gamins et au final, on les fait cuire, à la limite, pour faire cuire les gamins, il y a d'autres fêtes pour ça, je dis bien, à la limite...

... are you ni tis love... pa papa papa... at yourni tis love... ta tata tata... are you ti nir love... love... love you tir is nide... all.

Ma hantise, c'est les paquets cadeaux.
– Achetez-lui du bonheur, ça fait toujours plaisir et y a pas de paquet à faire.
– Un coup de pied aux fesses, oui !
– Pareil, ça s'emballe pas.

Pour moi, la langouste, c'est du Alien mayonnaise !

J'ai jamais vu une ancienne pute faire le Père Noël.
– Franchement, une ancienne pute ressemblera toujours plus au Père Noël que n'importe qui.

Il faisait faire faire son chien sur la neige !
– Où ?
– Dans le square, sur la jolie neige.
– Je vous jure...
– Personne avait encore marché, c'était tout blanc, même dans les arbres !
– Il a fait chier son chien dans les arbres ?

Grouic... Grouic... Grouic...
– T'as bouffé une chorale ?

C'est joli toutes ces lumières.
– C'est les lumières de Noël.
– On dirait des étoiles.
– C'est la mairie qui organise ça tous les ans avec les commerçants.
– Ça fait comme des bouts de ciel dans les arbres.
– On donne ce qu'on veut, j'ai donné dix francs.
– Dix francs, pour une étoile...
– Vous faites de la poésie ?
– Un peu... j'apprends.
– Y a une école de poésie dans le coin ?

On mange du foie gras ! Du saumon ! De la dinde ! Alors qu'il y a plein d'enfants qui meurent de faim.
– Les enfants qui meurent de faim, ça se garde, on les mangera demain.

En Inde, pour les grandes fêtes, ils déterrent les morts et ils les installent à table pour un festin, il y a la femme à un bout, l'homme à un autre bout, et tous les morts.
– Je vois, en Inde, c'est la femme qui débarrasse pendant que le mari boit le café avec les morts.

Les huîtres pas mangées, on les donne à manger aux homards qui restent, c'est une sorte de chaîne alimentaire de tout ce qu'on n'a pas mangé.

Je vais péter fort, si il l'entend, pour un sourd c'est un beau cadeau.

Un Noël, il y a dix ans, je me souviens comme si c'était hier, j'ai été malade comme un chien.
– Mais non, ça, c'était hier... je me disais, il a une drôle de mémoire lui.

Le boudin blanc, c'est ce qui a détruit beaucoup de familles pendant la guerre.

Avant, on ne trouvait du boudin blanc que pour la période des fêtes, rien qu'en voyant du boudin blanc on savait que c'était les fêtes, maintenant vous en trouvez chez le charcutier toute l'année, en voyant du boudin blanc on ne peut plus dire, c'est les fêtes, on est pendant les fêtes, non, ça, c'est fini, petit à petit on a réussi l'exploit que le boudin blanc ne veut plus rien dire, en presque pas de temps !

Les coquillages pourris, ça va vite, tu meurs, les autres sont encore à table.

Si tu vas chez le Père Noël, après bouffer, tu peux te taper sa femme, il habite au pôle Nord, c'est les mêmes coutumes que chez les Esquimaux.

Je m'enferme et je réponds même pas au téléphone, j'ai horreur de la Noël.
– Tout le monde dit ça.

Le chocolat fait grossir quand t'en manges, sinon...
le chocolat ou rien, c'est pareil.

Le premier caca qu'on fait après Noël, on devrait pas le jeter.

Ils font des dindes énormes maintenant, comme des autruches, pour les farcir, t'ouvres le cul et tu pousses un nain.

La Noël, tout le monde est heureux, sauf les morts, mais ceux-là, ils ne sont jamais contents.

Le soir de Noël, tous les gens pas égaux sont égaux et tous les gens égaux continuent comme d'habitude.

La bulle de champagne, c'est la mieux habillée des bulles.

Au milieu des truffes, ils mettent des boulets de charbon.
– Chez Fauchon ? Ça m'étonnerait.

Pour la Noël l'année dernière,
il voulait un petit frère et c'est sa grand-mère qui est morte.
– Ah oui, c'est pas du tout le même cadeau.

Les huîtres, c'est un peu bas de plafond.

Ça fait pas plus mal à une oie d'être gavée qu'à nous de se gaver d'oie, je réfléchis comme ça moi, en me mettant à la place, eh bien, en oie, je me plains pas.

C'est mon deuxième Noël sans travail.
– Faut pas que ça vous empêche de passer de bonnes fêtes.
– Le troisième Noël comme ça, je me pends au sapin.
– Faut pas que ça vous empêche de bien manger.
– Vous écoutez pas ce que je dis.
– Vous avez pas de travail mais vous allez quand même faire un sapin, c'est bien.
– C'est pas grave...
– ?
– C'est pas grave, c'est rien...

... C'est mauvais la crème au beurre, ça passe directement dans le sang.

Le soir de Noël, si on boit pas, on sait pas quoi dire.

Le bigorneau, c'est tout noir là-dedans, c'est un mollusque qui roupille tout le temps.

Jésus est né le jour de Noël.
– C'est con, parce que ça lui fait le même jour la Noël et son anniversaire.

J'en mange pas de l'oursin, on dirait du sida.

J'ai suivi l'étoile du berger jusqu'aux «Artistes», après jusqu'à «la Bolée», après jusqu'au «Styliss» et après jusqu'à «l'Aubrac»...
– C'est une étoile qui a pas peur de marcher !

En Afrique, ils décorent les bites des éléphants.
– T'es vraiment con toi...
– Faut bien, y a pas de sapin.

L'horreur, c'est choisir les cadeaux.

Il faudrait que tout le monde invite un pauvre.
– Je préviens tout de suite que j'aurai pas le temps d'aller chez tout le monde !

Une cravate pour lui, un peignoir pour elle.
– Tu t'es pas cassé la tête.
– Ça fait deux jours que je réfléchis !

Marre ! Marre ! Marre ! Crevée ! Vous verriez la cohue dans les grands magasins ! Ah dites donc ! Vivement la guerre !

Qand je suis ivre mort, à dégueuler partout, à taper sur tout le monde, j'arrive quand même à être raisonnable, je conduis pas.

Dans le marché couvert, un sapin, un grand, un beau, bien décoré, avec autour plein de cons qui regardent, ce sapin-là, plein de guirlandes, il a l'air plus intelligent que les gens !

Un bel os à moelle.
– C'est pas assez comme cadeau.
– Une entrecôte.
– C'est trop.
– Bon, hein, il aura pas de cadeau, il me fait chier ce chien !

La Sainte Vierge a accouché à minuit, le réveillon, elle a rien vu !

S*i tu glisses sur le trottoir en sortant de la pâtisserie, le pâtissier est en devoir de te rembourser la bûche.*
– Un mec qui est tout le temps dans la pâte à choux a aucun sens du devoir de rien... il est ailleurs.
– …
– Ailleurs.

Chamonix,
illuminé, ça fait
décor de théâtre.

*Normalement,
pour le réveillon,
on mange à minuit.
– Moi, à minuit,
j'ai deux chaussons
dans l'estomac.*

*On dessoûle deux
fois plus vite à la
montagne qu'à la
mer, c'est pour ça
que le réveillon se fait
l'hiver.*

Il fait jour tard.
– La nuit peut pas
tomber, avec toutes
ces ampoules.

Une étoile qui
meurt, ça fait pas
pleurer les autres.

Les Noces de Cana,
c'est forcément un
repas de Noël
puisqu'on voit pas
les mariés.

Noël, Père Noël,
cadeaux, sapin,
bouffe, c'est bien
ficelé comme idée.

*La bûche, c'est
bourratif, c'est
pour ça qu'on
l'appelle la bûche
et pas la brindille.*

Vous irez à la retraite
aux flambeaux ?
– Je suis à la retraite, je
porte pas de flambeaux.

Même après la fin du monde, les Noëls continueront puisque ça ne dépend pas de nous.

Jésus, il est propre dessus mais alors, en dessous...

La Noël ça donne envie d'avoir des enfants.
– Une semaine après, vous jouerez déjà plus avec !

La dinde, le 23 au soir, elle dort pas.

J'aimerais bien un jour voir un accident avec un camion de boules.

Elle va passer son Noël à l'hôpital.
– À son âge, c'est normal.
– À son âge, le normal, c'est qu'elle soit morte.

On boit trop, on mange trop, mais d'habitude aussi, alors...

On prend un petit sapin en pot, avec les racines, parce qu'on ne veut pas d'un petit handicapé sur le buffet.

Le boudin blanc, c'est du sang de navet !

Les cuisses de grenouilles, faut bien les laver sinon ça sent les pieds.

... Pour nous, c'est un jour ordinaire, on va regarder les conneries de la télé en mangeant.

Le sapin, si il est dans la même pièce, il fume autant que nous.

Ça nous fait combien de Noëls sans Joe Dassin ?

... tu me réveilleras après les fêtes...

À l'école ils ont dessiné des sapins, le sapin, il faut le mettre dans une enveloppe et l'envoyer à l'association qui va renvoyer un formulaire à remplir pour adresser le chèque qui partira chez le trésorier qui doit passer commande des cadeaux pour les enfants de la Bosnie.
– Eh bé putain, ils les auront à Pâques leurs cadeaux...

Un jour de boulot par an, Père Noël, c'est pas un travail, c'est un stage.

Un con qui skie dans la neige, c'est facile de le suivre à la trace.

La neige, ça fait comme un manteau blanc, et des fois, y a une file de randonneurs qui chient, ça fait les boutons.

Vu la corpulence, normalement, le Père Noël a des grosses couilles.

Je vais aller chercher ma boîte de chocolats au sapin de Noël de la mairie.
– Traînez pas, sinon vos chocolats, vous les retrouverez dans les comptes du RPR.

En face du kiosque à journaux, j'ai un écailler qui bouge tout le temps, ça me fout le mal de mer...

Plus de Noëls et moins de guerres.
– Plus de Noëls et moins de grippes, les guerres on verra.

Si vous lui achetez un animal, achetez un poisson, ça monte pas sur les fauteuils avec les pattes pleines de boue.

À Noël, il faudrait que tous les gens qu'on a aimés ressuscitent.
– Vous trouvez pas qu'on est déjà assez dans la rue piétonnière ?!

Excuse-moi, mais une merguez, ça fait pas Noël.

On sent mieux la présence de Dieu.
– Le chien, il a rien senti.

Si t'aimes la Noël, alors là... ça tombe bien.

C'est un sapin dans le même plastique que celui pour faire les rotules des opérés des genoux, c'est un sapin qu'on jette pas tous les ans, ou alors il faut jeter aussi les genoux.

Il a fait une jolie crèche avec de la choucroute pour faire la paille et une petite saucisse pour faire le Jésus.
– Il est doué ce charcutier.
– C'est surtout l'idée qui est bonne, à réaliser, c'est pas trop sorcier.
– Oui, c'est en idées qu'il est doué ce charcutier.

C'est une question de moulage, tu peux donner au boudin la forme que tu veux, un cœur, une marquise...

On va bouffer chez un con.
– Moi aussi j'ai des gens qui viennent.

Les anges qui bouffent trop ne peuvent plus voler, ils rentrent en taxi.

Les huîtres ont qu'à se syndiquer !

Le plus triste, c'est la semaine d'après, tous les sapins sont fanés sur les trottoirs, on se dit qu'on a été bien cons d'en acheter !

C'est les cons qui vont au ski, des fois, ils y vont, y a même pas de neige.

Noël, avec deux «l» ça volerait mieux.

La Noël, c'est surtout pour les enfants qu'on la fait, si y avait que nous, on ferait une soirée sangria à la place...

Je retournerai à la messe quand les curés retourneront au bistrot !

Le sang du Christ, pour la Noël, ils mettent des bulles dedans.

Pour les gens seuls chez eux, y a la télé, et pour les gens seuls dans la télé, y a ceux qui les regardent.

J'ai mal dormi, j'ai rêvé d'une série de casseroles, c'est mauvais signe pour les cadeaux.

Aujourd'hui, la Sainte Vierge accoucherait dans une clinique et ça serait filmé...

D'un côté c'est la bouche, de l'autre côté c'est le cul, tu peux pas te gourer quand t'avales.

Dieu n'a pas reconnu l'enfant, il n'est pas allé à la mairie.

Je suis tout le temps toute seule, vous verrez que je serai morte qu'il faudra encore que je supplie poliment les asticots...

Je veux bien payer des impôts pour les illuminations mais alors qu'ils illuminent pas devant ceux qui ne sont pas imposables.

Dans un ange, pareil, t'as deux cuisses et deux blancs.

La joie, ça fait secte.

Je suis allé chez le docteur, à la pharmacie, finalement, le mal au foie, ça crée des emplois.

La dinde, c'est sec, ça bourre, on dirait que c'est farci au dictionnaire.

Les cosmonautes vont passer le réveillon dans l'espace, c'est bien, tu peux faire du bruit.

Noël c'est «cuite», en latin.

Un tir souterrain, ça coûte soixante-dix millions de francs, une boule crème, ça coûte un franc, avec un seul essai nucléaire on pourrait faire exploser soixante-dix millions de boules crème, pas besoin de calculette.

La merde, quand t'as pas beaucoup mâché, elle part en courant.

Avec mon chat malade, j'ai pas envie de m'amuser...

Le cerveau, la main, l'œil, l'oreille, tout travaille quand tu fais le sapin...

Ses bûches au pâtissier, c'est des bûchettes, alors moi je dis stop, on n'est pas des Rwandais !

Jamais j'ai battu le gosse, jamais, ça ne sert à rien, la gifle elle rentre ici elle ressort là, dix minutes après il ne s'en souvient pas, je tire les oreilles, c'est tout, ça suffit, pas la peine de faire mal, je tire ici au bout, c'est tout, l'oreille devient rouge, mais rouge, on dirait de la crête de coq, je tire avant que des gens arrivent, les gens voient ses oreilles rouges et ça lui donne une bien meilleure leçon qu'une gifle, il a l'air d'un idiot, une gifle, vous en faites un martyr, en plus je n'ai pas le droit, légalement, je n'ai pas le droit, en tirant les oreilles vous en faites un idiot, personne n'a l'air intelligent quand on lui tire les oreilles, il est malheureux, je le sais, il pleure, ça le terrorise, c'est la seule leçon qu'il comprenne, il s'enferme dans sa chambre mais je le fais sortir et tous les invités le voient, l'autre jour, c'était le gardien, je lui ai montré les oreilles du petit, il riait, il riait, le gardien, pas le petit, il riait, il a ses oreilles toutes rouges aussi, il disait au petit qu'ils avaient les mêmes oreilles, vous auriez vu la scène, personne n'a l'air intelligent avec des oreilles comme ça, alors là c'était unique, je vous le dis, toutes ces oreilles dans l'entrée, le gardien ne rentre jamais plus loin que l'entrée chez nous, c'est un principe, l'entrée c'est fait pour ça, quand il y a un problème dans l'immeuble ou même pas de problème, une simple discussion comme ça de convivialité, voyez, l'entrée elle est pas grande, elle est jolie mais elle est pas grande, je mets le petit dans l'entrée à côté du petit tapis du mur pendant qu'on parle et il pleure, il pleure, j'aime autant vous dire qu'après, il pisse moins, c'est comme ça que je le dresse, je le prends à la maison un jour par semaine pour qu'il sorte un peu de chez lui, les parents sont d'accord, c'est un petit animal, comme sa mère, comme son père, toujours on ne sait pas où ils sont, chez eux, ça ne répond jamais, et l'enfant vous croyez qu'il répond quand on l'appelle, pensez, comme les parents, il est derrière la porte, silencieux, il arrête de respirer, vous n'entendez même pas la respiration, il ne respire plus, qu'est-ce qu'ils ont dans le crâne toute cette famille, qu'est-ce qu'ils ont à ne plus respirer quand ça sonne, comment vous voulez faire travailler des gens comme ça, on leur demande de passer à la mairie, ils ne répondent pas, ils entendent ce que vous dites, ils comprennent, ils sont français, ils ne répondent pas aux questions, lui, le père, il a tout le temps les paupières qui tremblent, il ne boit pas, non, il a le cœur qui bat dans le cou tout seul, on le voit, ici, là sur le côté, je lui parle, ça lui tape, ici, je lui dis de s'asseoir, non, debout, tout le temps debout dans un coin, pour lui parler je dois aller dans le coin où j'ai mes étagères en fer, comment voulez-vous faire avec des gens comme ça, comment, comment, comment, alors le petit je lui tire les oreilles parce qu'on voit bien que des gens comme ça, on ne peut pas les taper, on les tuerait et de toute façon, ça ne leur fait rien, c'est pas un langage qu'ils comprennent...

On est mieux là qu'au cimetière.

... Un gibier, ça se digère bien, c'est plein de campagne.

... la brochette de Noël, un lutin, une tomate, un lutin, une tomate, un lutin...

Le renne, ça se bouffe le renne... – Tout se bouffe, même les luges.

C'est la fête de la fraternité, moi je vais chez mon frère.

J'ai été enfant de chœur, on volait des sous dans la quête et avec les pièces on allait s'acheter des sacs de Jésus en sucre, au fond, l'argent sortait pas de la famille, ça partait dans la religion mais en passant par l'épicerie...

En l'an 3000, je sais pas si ça continuera le foie gras, ou peut-être que ça aura évolué, comme le cinéma...

C'est très spécial comme odeur la mauvaise haleine, à refaire en laboratoire, c'est pas évident...

Il regarde la télé.
– Il est con ton chien.

Je le bats, il s'en va, je l'appelle pour manger, il revient, il a l'honneur rétractile ce chat.

... je vais pas me plaindre quand un client perd son stylo, je vends des stylos, ça n'est pas du sadisme, ah non, pas chez nous à Waterman.

Qui a voté Chirac ici ?
– Pas moi.
– Pas moi.
– Pas moi.
– Personne !

Si ça fait pas de bien, ça fait pas de mal !

J'ai un oiseau qui est né il n'y a pas longtemps, il n'a connu que Jacques Chirac.

Ça me fait battre le cœur toutes ces lumières, et pourtant, je ne suis pas de l'EDF...

Hier soir, 9 heures, coincé à Arcueil, content Rosco...

Si la rue continue à sentir bon comme ça, je vais manger du mur !

Le cerveau c'est de la moelle, mais bien présentée.

... tout ça c'est des frisottées, elles ont rien dans la tête, elles parlent beaucoup et elles éclatent de rire fort, les Ruggieri et les Mireille Dumas, c'est des idiotes, c'est des frisottées ça, et Marie-Paule Belle, c'est une frisottée ça, et y en a beaucoup d'autres des idiotes qui rient fort mais je me souviens plus les noms, c'est des frisottées.

Une lichette... holà holà holà stop !

L'homme, c'est le plus intelligent de tous sur la planète, il ne faut pas oublier ça quand on cherche à savoir ce que les animaux ils pensent, ils pensent comme nous en moins bien...

Il n'y a plus de Grecs, ce sont tous des Turcs.

Je pourrais avoir un comptoir dans le ventre, je suis tout le temps debout.

Moins neuf cette nuit.
– Chez nous la mare est gelée.
– Moins sept encore ce matin et à 10 heures on a regardé, moins trois, mais c'est bien, ça fait travailler le thermomètre un peu.

Je suis toujours
un peu triste
à cette période.
– Manque de
magnésium.

*Je suis pas
tellement menteur
mais là, je suis
chiqué.*

C'est une nuit
triste pour ceux
qui n'ont pas de
maison, même
si le lendemain
ils ont un grand
choix de cartons...

Dès que tu bois
de la bière, on te
surveille comme
une baleine.

*Il disait beaucoup
plus de conneries
avant.
– Mais oui, on peut
plus lui parler, il est
devenu con.*

Le gras du ventre,
c'est pas le même
gras que le gras du
cul, chaque gras
choisit un peu son
endroit, si vous me
permettez...

Si vous voulez, je
les fais taire.
– Mais non, ça va.

*... pour les manger,
ça va mais quand il
s'agit de les ouvrir,
plus personne est là !*

... le dernier calva
et après je reste...

... les huîtres c'est comme quand on fait les crêpes.

Je les hais ces mecs-là, les plongeurs sous-marins.

Le SMIC, on l'aura jamais truffé.

Le plus beau cadeau que tu peux me faire pour Noël, c'est rien m'acheter.

Le mec passe chez toi avec des calendriers, comment tu peux savoir que c'est un vrai éboueur, il arrive, il te donne un petit machin dix sur dix...
– Bonne Année des Éboueurs, je sais, j'en ai un.
– N'importe qui peut se faire imprimer des petits calendriers et venir les vendre chez toi, n'importe qui, ils ont des habits...
– Verts, je sais, ils sont venus.
– Et alors ? Ça prouve rien, n'importe qui peut s'habiller en vert et se faire passer pour un éboueur de la ville, n'importe qui, faut pas être de Polytechnique pour ça.
– C'est pas des polytechniciens, je sais, ils étaient deux.

Plus t'es vieux, plus t'es con.
– Pas mon fils.

Je vous encule tous !
– Oui eh ben, essaye.

Le champagne derrière les oreilles, ça porte bonheur, et si t'en n'as pas, de la bière entre les doigts de pieds.

Les sondages, c'est bidonné.
– Ils demandent aux gens dans la rue.
– C'est bidonné.
– Ou à la sortie du métro.
– C'est bidonné, ils demandent aux gens dans la rue comme vous dites, vous pensez quand vous marchez, vous ?

On est des êtres humains avant tout, non ?

Dans le parfum, ils ont des grands nez mais dans le porno, il est petit.

… Sans eau, pur, ça guérit du foie.

Le travail, il faut le finir !
– T'es pas ma mère.
– ?

C'est la morosité.
– Un peu.
– Je n'ai jamais vu ça encore, une telle morosité...
– C'est vrai.
– Aucun patron paye son coup.
– Faut demander...
– Je suis de l'ancienne, je ne demande pas.

Le Grand Canyon c'est la moitié de la vallée de Chevreuse mais les Américains, eux, ils savent filmer.

La bonne année, si t'es dans la merde...
– Tout le monde est dans la merde, on va pas se souhaiter bonne merde.

Un enculé se fait pas forcément enculer, c'est les mélanges de la langue française qui méandrent tout.

Elles sont pas abonnées aux clignotants les bonnes femmes !

J'aime pas m'endormir parce que j'ai peur qu'on m'égorge.

La vraie nouvelle année, c'est pas le soir à minuit avec le champagne, c'est le lendemain à l'apéritif du midi, c'est là que c'est vraiment la nouvelle année, quand tu dis bonne année et que tout le monde est là et qu'il fait jour partout.
– Les deux sont bien, je trouve.

... le sanglier, le chevreuil, le renard, ça me traverse toujours devant la voiture quand je rentre, je peux pas m'endormir au volant, ça me traverse dans les phares, ça, c'est ma hantise de quand je rentre, le sanglier qui me traverse quand j'ai mangé à La Madeleine ou bien...

La femme, c'est avant tout les genoux.

L'Ambre Solaire, ça fait vachement secte comme crème.

Ils ont acheté leur vignette y a un mois et ils se suicident maintenant ces cons du Temple solaire !

... C'est ça, mais oui c'est ça.

Les sectes, les sectes, on est tous des sectes, d'abord chacun est sa secte à lui puisque tu crois tout ce que tu penses, t'arrives à te convaincre des conneries que tu dis des fois, et pour te faire lâcher le morceau, personne peut y arriver, mordicus tu penses quelque chose que personne te fera changer d'avis, c'est la secte que chacun garde dans sa tête qui est la patronne, moi le monde je le vois à travers ma tête et alors je te dis que ma secte dirige le monde, et si ça va pas comme je veux, pareil, je me suicide dans les bois et on fait une enquête alors on découvre des documents, des photos de moi avec une couronne sur la tête et un cahier avec ce que je pense ou des recettes de cuisine pas normales, et voilà, d'un coup, je suis la secte du Retraité solaire puisque je suis à la retraite.

... *C'est ça c'est tout.*

J'ai fait une bise à mon camion.

On fera du barbecue quand ça sera la saison, mais en ce moment pour manger dehors c'est impossible quoique hier, on a eu le soleil tout le midi, on aurait pu le faire le barbecue, c'est vrai, sortir dehors en avance pour manger comme les boutons de rosier qui le font eux, c'est vrai, ils sont là, sur les grimpants ils sont sortis et les merguez c'est pas loin du bouton de rosier comme cuisine...

Les plantes ont une tête mais pour la pomme de terre c'est le contraire parce que c'est en dessous du niveau.
– Pas les frites.
– Et si on allait au «Gambrinus»?
– Ah oui, bien.

L'alcoolique, c'est à vie, comme celui qui n'est pas alcoolique, c'est à vie, c'est une sorte de même dépendance aussi.

Intellectuellement, le Français s'en sort bien.
– Intellectuellement, intellectuellement, ça dépend aussi.
– De ?
– De... de... l'actualité.

... à tous les points de vue...

Mitterrand est mort.
– Eh ben... quelle histoire...

La prostate, c'est ce qui nous guette.

Bonne année
mon bonhomme.
– Bonne année
ma tata.

Il est mort dans son bureau.
– Eh ben, c'est pas à moi que ça arrivera !

Mitterrand
est mort.
– Mort ?
– Mort.
– Mort...
mais mort...
complètement ?

Mitterrand, c'est la grandeur de la France alors que Chirac, c'est la taille de la Corrèze.

... C'est bien la Corrèze...

C'est une blague ?
– Non, ce matin.
– C'est une blague !
– Non, d'un cancer de la prostate.
– Oui, ils en avaient parlé... c'est vrai ?
– Ce matin, il est mort ce matin.
– C'est vrai ?
– Ils l'ont annoncé.
– On a beau s'en foutre, ça fait un choc.

Un vieux qui a le cancer, faut pas faire les surpris non plus !

... il est parti en même temps que les décorations de Noël...

Président de la république, t'as pas d'école, c'est pour ça que c'est dur à apprendre, et c'est pour ça que t'en as qu'un, d'ailleurs.

Une fois de plus, l'homme meurt avant sa femme...

... C'est quatorze ans de la France qui disparaissent.

La pyramide du Louvre qu'il a fait, c'est du verre, c'est quand même pas Toutankhamon.

*Quand un président est mort, ils mettent l'*Adagio *d'Albinoni, eh bien, pas cette année.*

Il était très très très malade.
– Il est mieux mort finalement.
– Il est plus en forme maintenant, finalement.
– Mais oui, finalement.

Il en aura fait vendre des roses, celui-là...

Ils lui ont limé les dents...
– Quand ?
– Quand il a été élu.
– Oh là là là là le pauvre...

Il est mort dans son bureau.
– Gainsbourg aussi.
– Nés la même année je crois, et morts le même siècle.
– Mitterrand, il en aura pas beaucoup profité de sa retraite.
– Il en a profité avant, va…

Il était un petit peu nazi au début.
– Oui mais pendant la guerre tout le monde était comme ça, et ça ne faisait pas des drames.

La pyramide du Louvre c'est très futuriste sauf que dans le futur ça sera cassé.

Il écrivait des livres.
– Ah bon ? Quel genre ?

C'est l'histoire qui le jugera, c'est pas moi, et pourtant j'aime bien l'histoire mais j'étais nul en maths.

J'étais pas de son avis mais un mort, je le respecte, un mort, ça se respecte, plus qu'un vivant, même...

... ah oui.

C'est bien de vivre centenaire, c'est bien pour le vieux qui vit mais la retraite des vieux, qui c'est qui la paye, c'est les jeunes, la retraite des vieux c'est pas fait pour ça ! Combien ça t'en fait des jeunes qui travaillent pour faire vivre des vieilles dames comme ça ? Hein ? Y a des limites aussi ! Cent ! Cent dix ! Cent vingt ! Ça représente combien de jeunes morts des vieux pareils ? Pour chacun qui meurt normalement t'as un qui vit, combien t'en as des jeunes qui vivent pas à cause d'un vieux qui reste plus d'un siècle et plus ? Combien ? On ne sait pas ! On sait pour le vieux qui reste tout ce temps mais les jeunes on ne sait pas et on ne saura jamais si ça se trouve et c'est tant mieux, autant garder ça secret, t'as la révolution sinon ! Au bout d'un moment, c'est aux gens du *Livre des Records* de payer ces vieux-là si ça les amuse, ou à la télé, ils arrêtent pas de faire des émissions, ou ils ont qu'à faire des publicités pour des produits, je sais pas moi, de longévité, déjà et d'une ils seraient plus riches, ou les confitures des grands-mères, et de deux, ils seraient utiles et de trois, ils seraient centenaires pour quelque chose, alors que là, ils ne servent que pour des expériences médicales à la limite de l'honnête, et résultat, on les fait prendre des cachets matin midi et soir, pour voir, pour voir quoi d'abord, si c'est possible que tout le monde soit encore là à cent cinquante ans, alors là, ça va être beau la France, ça va être un cimetière assis qui ne peut plus se lever et qui s'endort et qui se réveille tous les matins, tous les matins, tous les matins, la vie c'est bien monsieur, mais il ne faut pas en abuser non plus !

On peut travailler avec un cancer, à condition d'avoir un travail.

… mourir à la fin du siècle, c'est surtout ça qui fait historique.

… C'était un fils de chef de gare, c'est pour ça qu'il aimait les voyages.

Deux fois sept ans à l'Élysée, vous imaginez comme c'est long, presque sans sortir...

… Un président comme ça, le moule est cassé.

… il a fait plus pour la France que pour l'Espagne, ça c'est vrai…

On devient immortel quand on meurt, c'est le seul avantage, sinon...

Je suis triste, je vais nourrir les pigeons sinon c'est moi qui mange.

Et ses canards ?

À la télé, ça parle que de sa maladie.
– Moi quand je suis malade c'est pareil.

De Gaulle prenait pas l'hélicoptère pour aller bouffer chez Loiseau !

C'est pas le moment de mourir, parce qu'avec Mitterrand qui vient de mourir, ça risque de passer inaperçu.
– Oh vous savez... même...

On a eu deux grands hommes dans le siècle, de Gaulle et Mitterrand.
– ...
– C'est presque un de trop.

Le deuil national englobe-t-il aussi les territoires d'outre-mer ?
– Les englobe-t-il ?
– Oui, les englobe-t-il ?

Il était humain, il mangeait du couscous.

Il est mort, du coup, tout le monde l'aime, Coluche c'était pareil.

Son cancer ne regarde personne, ils n'avaient qu'à annoncer une mort de vieillesse, après tout, il était vieux, il méritait bien une mort de vieillesse que plutôt un cancer, ça ne change rien pour nous, il est mort, il est mort, mais toutes ces histoires sur sa maladie, franchement, pourquoi ils disent tout ce qu'on entend, ça ne nous regarde pas, non non et non, c'est le secret médical au fond, de toute façon, pour moi, il est mort d'un cancer de vieillesse, alors ils peuvent dire ce qu'ils veulent, j'ai les oreilles bouchées.

La Grande Bibliothèque, l'Arche de la Défense, la pyramide du Louvre, l'Opéra Bastille, c'est des grands travaux, mais son plus grand travaux, c'est l'abolition de la peine de mort !
– On voit qu'on vous a pas assassiné...
– Même !

Quatorze années, c'est énorme, quatorze années au pouvoir, presque un demi-siècle.

... le général de Gaulle, il a fui en Angleterre, c'est pas mieux !

Un jour, t'es président de la république, le lendemain, t'es rien.
– Rien ? T'as vu les fleurs !

Le poisson frais, c'est pareil.

On ne peut pas comparer les deux femmes, la mère de Gaulle, elle s'est quand même tapé de Gaulle !

Chirac, six mois, on voit déjà l'os.

Tout Mitterrand qu'il est, on l'a pas enterré dans l'eau chaude !

Incinéré et les cendres, dispersées sur l'Auvergne.
– Il est né dans les Charentes.
– L'Auvergne, c'est beaucoup plus beau l'Auvergne, c'est chez moi.

Il a eu raison de se servir, finalement...

... ils lui ont mis Arlette Chabot pour le commentaire.

Irremplaçable !
– Déjà remplacé.

Chirac, ça va pas lui faire du bien la mort de Mitterrand.

... C'est pas comme ça qu'il va remonter dans les sondages.

Il nous laisse un immense vide.
– Y a pas de quoi se vanter, il aurait mieux fait de nous laisser un immense plein.

Quand on m'a dit sa mort, quand même, ça m'a fait drôle, j'ai eu la tête toute vide.
– Vous feriez pas un bon gagnant au Loto vous.

Ils louent vingt mille francs les fenêtres au-dessus du cimetière pour que les photographes fassent des photos, vous vous rendez compte, après quatorze années de socialisme, les fenêtres gagnent plus que les vitriers...

Des présidents, bons ou mauvais, on en aura toujours trop.
– Et vous voulez quoi à la place, vous qui êtes si malin, vous je vous connais !
– Des présidentes.

... l'histoire, faut bien que ça s'arrête un jour...

C'est un grand de l'histoire de France, et d'ailleurs, il est au musée Grévin.

C'est une personne qui a marqué la France.
– Dans quinze jours, ça sera fini, c'est tout comme ça avec les médias.

Il a tout prévu pour sa mort, l'enterrement, le chemin des voitures, la messe, les cérémonies, les chefs d'État qui sont invités, le rendez-vous à Notre-Dame, les télés, les musiques, jusqu'à la fin il aura dépensé de l'argent.

Une minute de silence ne dure jamais la minute, quand tu dis, allez-y et stop, ça t'a mangé la minute à la tête et à la queue, déjà...

C'est le vieux renvoyé de Canal + qui s'occupe du testament.
– ?
– Celui qui a le journal qui s'arrête.
– Vous êtes sûr ?
– Certain.
– ...Jean-Pierre Coffe ?
– Mais non, l'autre.

Enterré en province.
– De toute façon, à Paris, il n'y a plus de place.

La France est la quatrième puissance mondiale.
– Oui, mais sur combien de pays, c'est ça qui est important, si c'est sur cinq ou six de pays, ça ou rien c'est pareil, on n'a que six chaînes de télé par exemple…

C'est sa première nuit, ce matin il était encore chez lui, rue je sais plus quoi..
– …
– C'est au cimetière qu'on est vraiment mort.
– …
– …
– …
– …
– Rue Leblay !
– Leblay, c'est ça, rue Leblay.

… tant que t'es pas au cimetière, t'as encore une chance au cas où la science tout d'un coup elle découvre mais après...

Il faut toujours avoir une famille et un caveau familial, sinon dans le meilleur des cas vous finissez avec des voisins.

On est peu de chose... et nous, encore plus.

… *la musique d'*Orange mécanique...

... pour la mort de Pompidou, j'avais débranché les flippers.

Jarnac, ça va être aussi célèbre que Cajarc maintenant.

Il a souffert, souffert, souffert, souffert...
– Ho ! Je mange mon croque, moi.
– ... à la fin, il parlait avec les deux yeux.

Il a fait du positif, il a fait du négatif, c'est un peu le bilan, je dirais...

... une fille naturelle, c'est bien, ça fait écologiste...

En Inde, ils les font brûler sur un bûcher, toute la famille est d'accord.

Il aimait beaucoup Dalida, elle était au Panthéon, juste derrière lui.
– Pour moi, Dalida était devant.

J'avais froid, froid, j'ai mangé la soupe devant la télé à regarder l'enterrement.

En Occident, on ne sait pas mourir, on a peur de la mort, en Afrique, ils déterrent les morts pour danser avec, c'est une fête. – En Afrique, tous les prétextes sont bons pour pas bosser.

... la rupture avec l'extérieur pareil, enfermé pareil, tu penses à rien pareil, tu changes de comportement pareil, que tu es dans n'importe quelle secte ou que tu es dans les cabinets c'est pareil, dans les cabinets, tu es mûr pour les sectes pareil, tu es fragile pareil, quand tu es en train de chier, le lavage de cerveau il est pas loin, pareil...

De Gaulle numéro un, après Mitterrand numéro deux, pour mon goût je parle.

C'est pas du tout un reproche que je lui fais mais pourquoi les Landes ?

Tête de nœud...

Patagon toi-même !

La petite saucisse à apéritif, la petite orange, comme ça grande, la pratique, on la réchauffe dans l'eau chaude, ça fait un petit plat avec l'apéritif, elle a un goût de fumé, on la met dans un petit bol sur la table et ça se picore, elles sont attachées entre elles et on les détache pas, quand on tire, tout vient comme les trombones, cette saucisse-là, on en mange, on en mange, souvent les cacahuètes elles restent, j'en ai toujours en avance, tout le monde adore ça, même les gamins, ça fait gai, ça nourrit, c'est pas seulement décoratif, ça nourrit et c'est moins gras que le saucisson et on dirait de la cuisine, c'est plus joli sur une table d'apéritif que les Apéricubes qui font juste acheté, la petite saucisse fait préparé, personne n'est dupe mais vous savez, avec nos amis, on s'entend bien et on est très complices...

... les seuls qui mangent encore du poisson le vendredi, c'est les oiseaux de mer...

Les vieux, ça ne sert à rien de les mettre au soleil, le soleil passe à travers.

L'avenir ?... vous savez... je ne suis pas strologue.

Faites pas semblant de rien, c'est vous qui sentez mauvais.

J'ai fait pipi au milieu de la rue.
– ...
– Je vous l'ai déjà raconté ?

Dix heures cinquante, c'est onze heures moins dix, alors pourquoi on ne dit pas onze heures moins dix ? Si c'est histoire de rajouter des cinquante dans les heures pour faire américain, c'est raté.

Je lis pas des livres que les autres écrivent, je suis pas inspecteur des travaux finis non plus...

La Castafiore a un corps de Noire et une voix de Noire mais elle est blanche comme Tintin puisque Hergé est raciste.
– À la limite, je préfère le racisme en bande dessinée que autrement.

Un policier avec de la farine dans le dos !
– ?

Ils écoutent et ils peignent en même temps sinon ils ne peignent rien les grands peintres qui travaillent chez eux pendant que la femme leur parle...

Quand on travaille sur les microbes, on garde pas la barbe.
– Pasteur a toujours eu la barbe.
– T'imagines les microbes là-dedans quand tu te penches ?
– Pasteur a toujours eu la barbe.

Elle embrasse son chien sur la bouche...
– Tant qu'elle se trompe pas de côté, je continuerai à lui faire la bise.

Les papilles de la langue seront toujours les premières servies...

Je ne sais pas comment les cochons arrivent à se supporter eux-mêmes, une infection !
– Ils n'ont pas le même odorat que nous.

Il ne faut pas avoir honte d'avoir des cheveux blancs, après tout, c'est la pendule qui refroidit.

Je bois toujours un peu quand il y a un défilé, c'est la musique qui me fait boire, surtout la trompette.

Il est con comme une bite
– Y a pire.

C'est tout petit la fraise des bois.
– Ça coûte une fortune.
– On dirait un bout de sein par terre au milieu des feuilles…
– …
– …
– Comme si on avait assassiné une jeune fille dans le bois, tenez…
– …
– …
– Eh ben, moi je préfère un autre dessert.

Les otaries, c'est des connasses.

Dans le ventre des mamans ça sent le bonbon.
– Dès que je mets le pied dans une pâtisserie, j'achèterais tout, alors que la charcuterie me laisse froide.

Impossible à casser.
– J'en casse.
– C'est incassable.
– C'est vendu pour incassable mais ça se casse, j'en casse des manches de marteaux en plastique.
– Mais non.
– Je vous dis que j'en casse des manches de marteaux en plastique.
– Faut pas être adroit.
– Si, je suis adroit moi, je les casse les manches de marteaux en plastique.
– Ça résonne dans la main.
– J'en casse plein.
– Faut pas être adroit.
– Tous les jours.

Il est laid son bébé, il est laid, à mon avis la maman elle a fait caca et ils ont mis les chaussons...

On apprendra l'anglais au bébé dans le ventre de la maman.
– Accoucher d'un Anglais, merci bien...

Saucisses aux choux.
– Jamais on va y arriver au boulot, jamais !
– Téléphone...
– Jamais on va y arriver...
– Téléphone.
– Depuis 9 heures ce matin !
– Téléphone.
– Cinq millions de chômeurs et nous on fait les cons.
– Saucisses aux choux.

Le temps, c'est de haut en bas, on descend... Y a pas de quoi rire !

On sera obligés de coloniser l'espace, obligés, on est une race qui aime coloniser.

Le pauvre sera toujours perdant.
– Il a qu'à se battre !
– Le pauvre, il en prend toujours plein la gueule quand il se bat.

... tu bouffes la peau de l'orange toi ?

... Ça attaque la pierre de Notre-Dame.

Ils mangent sur le pouce.
– Le repas, c'est le moment le plus important de la journée.
– Sur le pouce... y a même pas la place de poser le verre...

... Paris, ça fait la cuvette.

Un côte-de-provence rosé qui reste dans la bouteille ? À la maison, jamais, si c'est pas nous qu'on finit, c'est les enfants.

Je suis pas ta serviette-éponge !

Deux grands calvas.
– Non, non, moi, un petit.
– ?
– Un petit.
– Deux grands calvas !
– Non ! Un petit pour moi.
– Deux grands calvas.
– Non !
– Deux grands calvas.
– Moi, un petit.
– Un petit calva, c'est la couche du dessus en contact avec l'air, plus tu vas profond, plus le calva est là tu sais pas ça toi ? Le meilleur calva est au fond, il est plus lourd, et le meilleur encore de tous c'est le calva du fond... comme pour tout, d'ailleurs, le parfum se dépose, je te parle même pas d'alcool, le goût qui est foncé, il descend, tout le haut a perdu quasiment tout le goût, tu bois un alcool dénaturé par l'air, surtout celui de Paris, il est pas là pour faire du bien au calva, il attaque la peinture des bagnoles, alors ton petit calva, en Normandie, je dis pas, le petit calva peut-être, mais ici... non... ici... non non... pas ici... ici... non... deux grands calvas !

Et deux grands calvas pour les hommes, deux !

... le plus grand poison c'est l'air.

Un dessin animé, y a combien d'images ?
– Ça dépend des lapins, et ce qu'ils font les lapins.

Vous savez ce qu'elle dit, comme ça, à nous qui étions au bout de la table, qu'elle donne son nichon au bébé quand elle allaite !
– Pfuuuuuuu...
– Qu'elle donne son nichon à son bébé !
– Pfuuuuuuu...
– On ne donne pas le nichon à son bébé !
– Pfuuuuuuu... non.
– Et les parents qui rient.
– Alors ça...
– Heureusement, le bébé n'entend pas.
– Pfuuuuuuu... non.
– Ça promet !
– Alors ça...
– Il sera malheureux.
– Pfuuuuuuu... oui.

On peut séduire, même sans rien faire, avec les parfums des glandes du cul de certains animaux.
– ?
– Le musc, c'est une glande de cul.
– Première nouvelle.

L'alcool te fait pénétrer dans l'irréel.
– Pour toi c'est facile, tu payes jamais ton coup.

Pour bouffer
convenablement
en Birmanie,
faut te lever tôt.

Il a fait beau, beau,
beau, une journée
exceptionnelle pour
un mois de janvier,
du soleil, pas froid,
pas normal même.
– On ne sait plus
quoi boire.

Tu bois l'eau du Nil,
t'as la chiasse cent ans.

Tu fermes pas
à l'heure
européenne ?
– ?
– L'harmonisation
des fermetures.
– Charlot va…

Une fourrure
et une béquille
devant la porte
des cabinets ?
– C'est rien, c'est
la libraire qui
est dedans.

Tous les jours moi
je monte mes
escaliers, comme la
roche de Solutré.

On ferme !

Le dernier !
– Tu boiras demain.
– Demain ?
Certainement pas !

À quand l'abolition de la fermeture ?

Jérusalem, c'est un choc émotionnel.
– Haaaaaaa ?

Le froid empêche de s'abîmer, tu t'assois dans la neige, t'as le cul qui vieillit pas.

… On est un peu comme des boudins pas cuits avec notre sang liquide dans le corps…

Pour vous, on n'est que du bétail !
– …
– Allez, laisse, on se casse.
– Il a pas le droit de pas servir, on peut porter plainte si on veut.
– Laisse.
– On peut appeler les flics, et les flics l'obligent à servir... non mais attends, y a des lois !
– Y en a d'autres, des cafés, laisse.

C'est ça, y en a d'autres !

On ferme !

… Premier arrivé,
dernier parti…

Le gros
coquillage se
referme et le
plongeur a le
pied coincé
dedans au fond
de l'eau.
– Quelle mort
idiote !

… Jusqu'à chez moi,
c'est que du plat.

… Ça monte pas…

… Ils commencent
à avoir de beaux verres
partout maintenant,
j'ai remarqué…

… Ça descend pas…

… Et au bout
c'est chez moi…

Terminez vos
verres.
– Pardon ?

Je suis né place
de l'Indépendance !
– Et alors ?

… et le café ferme, vite ! Le dernier pour la route ! Quelle route ? C'est une rue dans la banlieue de Dijon, une ruelle étroite dans Marseille… un sentier un peu boueux à la sortie d'un village de Bourgogne… quelques mètres de neige verglacée dans les Alpes… un quart d'heure de Mobylette dans la nuit sous la pluie… une bande de gravier derrière la gare le long du canal pas loin du marchand de pêche… un labyrinthe de petites rues dans Thiais… un morceau de périphérique qui brille… une heure de métro… une heure de bus, la nationale jusqu'au chemin et le chemin jusqu'à la cour de la ferme avec les lumières de la cuisine dans les flaques de pluie et les chiens… c'est la route… la route qui fait demander, et mon dernier pour la route ? C'est elle, la fameuse route du dernier pour la route… Ça vient, ça vient… le dernier pour la route… petit coup de pied qui pousse le client dehors, face à cette route qui le ramène chez lui, long chemin qui le fait doucement rerentrer dans sa peau pour qu'il n'arrive pas chez lui à côté de lui-même, comme s'il n'était plus que son propre fardeau alcoolisé, mal fagoté dans son dedans. Et mon dernier pour la route ? Voilà voilà ! Un seul dernier à chaque client pour toutes ces routes, est-ce à dire qu'ils partent et habitent tous au même endroit, à la même distance du point lumineux où dans ce début de nuit l'on boit, au même nombre de pas, tous les accoudés, tous, les voilà tous habitants du même lieu-dit, le lieu-dit *le dernier pour la route* ? Existerait-il, dans le système métrique du buveur accoudé, une unité ajoutée à l'ordinaire système, après le millimètre, le centimètre, le mètre, le kilomètre, *le dernier pour la route*, qui vaudra tous les autres ensemble et séparés, le dernier pour la route étant égal à un mètre de route. Un kilomètre de route étant égal encore au dernier pour la route, etc. On sent d'ailleurs dans l'œil de celui qui habite à un centimètre de route comme une espièglerie à commander comme ceux qui habitent loin son dernier pour la route. Cette espièglerie, le patron la connaît bien, il appelle ça une casse-couillerie. Un centimètre pour un dernier ! Il habite à côté l'enfoiré ! Tous ces derniers et toutes ces routes ne vont pas tarder à le fatiguer. Dehors ! Je ferme ! Le patron ferme alors qu'il a le temps, lui il n'a pas la moindre parcelle de millimètre de route à faire, il vit dans sa coquille comme un escargot. Il dort dans sa bave et nous, on a de la route. Tout le monde le pense, personne ne le dit, tant qu'il n'a pas servi le dernier pour la route, il y a danger à la ramener. Dehors ! Et le dernier pour la route ? Ils s'accrochent au dernier pour la route comme s'ils avaient à traverser le désert. D'ailleurs, peut-être le traversent-ils pour rentrer à la maison ? Un petit bout de désert avec d'un coup le silence comme une sécheresse dans la tête. Le tournis des grands espaces sans les mots. Le vertige des horizontales sans comptoirs. Un déséquilibre soudain dans un monde sans brèves. Un malaise et les reproches qui arrivent vite, au milieu de cette putain de route. Le dernier pour la route ! Vite ! Juré, après on y va ! Alors, le patron qui n'est pas chien sert à tous ceux qui doivent rentrer le dernier pour la route. Tous, en buvant ce même dernier pour la route, se préparent à faire le même itinéraire, après avoir pris, toute la journée, le même chemin. Le dernier pour la route, ça ne veut dire que ça. *Même*. Vous saviez ça patron ? – Non non non ! dehors !

Gourio

Humour

Une certaine idée du bonheur, grâce à la vertu décapante du rire...

A. NONYME
Monsieur et Madame ont un fils
4036/2 & 4118/2
M. et Mme Ticoli ont le bonheur de vous annoncer la naissance de leur fils Victor. M. et Mme Marolex ont la joie de vous annoncer la naissance de leur fille Éléonore. M. et Mme Sontraqueteur sont heureux de vous faire part de la naissance de leur fils Igor...
Un jeu qui fait fureur et fou rire !

ARTHUR
Arthur censuré
3698/5
De la radio à la télé, rien n'arrête Arthur. Et maintenant un livre, pour retrouver son humour décapant !

Ta mère
4075/2
Où les mamans ne sont pas les plus belles du monde ! Un recueil des insultes les plus crades et les plus désopilantes, issues de la créativité verbale des rappers et raggers des banlieues.

Ta mère, la réponse
4225/2

BERTRAND JACQUES A.
Tristesse de la Balance...
2711/1

BRAVO CHRISTINE
Les bêtes, petites ou grosses, sont aussi compliquées que nous et leurs amours sont bien difficiles !

Les petites bêtes
3104/2
Les grosses bêtes (un érotisme inattendu)
3770/3

DE BURON NICOLE
Les saintes chéries
248/3
Les mésaventures d'une femme en butte à la fatalité quotidienne, ou comment prendre la vie avec bonne humeur quand rien ne va comme vous l'auriez voulu.

Vas-y maman
1031/2
Dix-jours-de-rêve
1481/3
Qui c'est, ce garçon ?
2043/3
C'est quoi, ce petit boulot ?
2880/4
Où sont mes lunettes ?
3297/4
Une lettre de sa caisse de retraite rappelle brutalement à l'héroïne son âge : cinquante ans. Mais où sont donc passées toutes ces années ?

Arrêtez de piquer mes sous !
3652/5
Impôts, cotisations, taxes, prélèvements, vignettes, TVA... c'est trop ! Le ras-le-bol d'une contribuable excédée mais d'un humour à toute épreuve.

Arrête ton cinéma !
4251/4
Incroyable ce qui peut se passer dans les coulisses des tournages ! Avec humour, comme d'habitude, Nicole de Buron raconte ses démêlés avec des producteurs fauchés ou véreux, des stars capricieuses et le monde du show-biz en général.

COLUCHE
Coluche Président
3750/4

DUROY LIONEL
Priez pour nous
3138/4

GOURIO JEAN-MARIE
A l'heure de l'apéritif, dans les 150 000 bistrots de France, on refait le monde. On fait et défait les gouvernements, on déclare des guerres, on invente des lois, on fusille ou gracie, on reconstruit des villes, on replante des forêts... On va même jusqu'à avancer la date du beaujolais nouveau !

Brèves de comptoir - 1
3978/3
Brèves de comptoir - 2
4015/3
Brèves de comptoir - 3
4052/4
Brèves de comptoir - 4
4291/4

HAUSER RÉGIS
Les murs se marrent
3632/4

HÉRACLES & CHRZANOROSKI
Le grand livre de l'humour noir
3994/5 Illustré

LAFESSE JEAN-YVES
Petit précis de l'imposture
3253/4

LAGAF'
Eclats de rire
3537/3

LEEB MICHEL
Le meilleur de l'humour français
3516/3

Humour

LEFEBVRE Jean
Pourquoi ça n'arrive qu'à moi ?
3193/3 Illustré
Mais qu'est-ce qu'elles me trouvent ?
3507/3

OUAKNIN & ROTNEMER
La bible de l'humour juif - 1
4263/2
& 4264/2

PIEM
Bonne santé mode d'emploi
3609/1
Petits enfants grands-parents... mode d'emploi
3834/2

ROUCAS Jean
Les roucasseries
3230/4, 3440/4,
3693/4 & 3915/4
4141/4
Un florilège d'histoires drôles, lestes ou même très vilaines, par le monsieur aux lunettes qui vous fait tant rire à la radio et à la télévision.

SARRAUTE Claude
Allô Lolotte, c'est Coco
2422/1
Maman coq
2823/3

SIM
Elle est chouette, ma gueule !
1696/3
Tout le monde n'a pas la chance d'avoir la gueule de Sim.
Pour l'humour de Dieu
2001/4
Elles sont chouettes, mes femmes
2264/3
Le Président Balta
2804/4
Ma médecine hilarante
3213/3
Elle était chouette ma France
3586/5
L'histoire de France revue et corrigée par Sim. Empruntant la plume de notre célèbre humoriste, Clovis, Gilles de Rais, François Ier, Charles de Gaulle et quelques autres nous racontent ce qui s'est vraiment passé.
Le penseur
3937/2
Drôles ou graves, des maximes qui prouvent, s'il en était besoin, que Sim reste bien le plus chouette de nos humoristes.

TALLEYRAND & GARY
Testez et développez votre stupidité sans peine
3790/4

XENAKIS Françoise
Moi j'aime pas la mer
491/1
Zut, on a encore oublié madame Freud...
2045/2
Mme Freud, Mme Marx, Adèle Hugo, la femme de Socrate... Il fallait sauver de l'oubli ces femmes qui ont vécu dans l'ombre de leurs célèbres époux.
Mouche-toi, Cléopâtre...
2359/3
La vie exemplaire de Rita Capuchon
2585/3
Chéri, tu viens pour la photo
3040/4

Cinéma

Livre après livre, film après film, J'ai lu édifie l'étonnante bibliothèque du cinéma.

Les titres sont présentés par ordre alphabétique.

Abyss
CARD Orson Scott 2657/4

L'accompagnatrice
BERBEROVA Nina 3362/4

Adieu ma concubine
LEE Lilian 3633/4

A l'Opéra de Pékin, où les rôles féminins sont traditionnellement tenus par des hommes, Dieyi triomphe dans celui de la favorite. Mais Xiaolou, son compagnon de scène, lui préfère la belle Juxian de la Maison des Fleurs.

Un grand roman qui inspira le film Palme d'or au Festival de Cannes en 1993.

Alien
FOSTER Alan Dean 1115/3

AlienS
FOSTER Alan Dean 2105/4

Alien 3
FOSTER Alan Dean 3294/4

Les amies de ma femme
ADLER Philippe 2439/3

Angélique
GOLON 2488/7, 2489/7 & 2490/7

Les anges gardiens
FERDJOUKH Malika 4204/2

L'année de l'éveil
JULIET Charles 2866/3

L'autre
CHEDID Andrée 2730/3

Beignets de tomates vertes
FLAGG Fannie 3315/7

Blade Runner
DICK Philip K. 1768/3

La brute
des CARS Guy 47/3

Carrie
KING Stephen 835/3

Charlie
KING Stephen 2089/5

Christine
KING Stephen 1866/4

Le club de la chance
TAN Amy 3589/4

Conan le Barbare
HOWARD Robert E. 1449/3 (avec Sprague de Camp)

Conan le destructeur
HOWARD Robert E. 1689/2 (avec R.Jordan)

La couleur pourpre
WALKER Alice 2123/3

Courage under fire
SHEANE DUNCAN Patrick 4285/4

Crossing Guard
RABE David 4072/5

Croc-Blanc
LONDON Jack 2887/3

Cujo
KING Stephen 1590/4

Cyrano de Bergerac
ROSTAND Edmond 3137/3

Dallas
RAINTREE Lee 1324/5

Danse avec les loups
BLAKE Michael 2958/4

La demoiselle d'Avignon
HEBRARD Frédérique 2620/4

Demolition Man
OSBORNE Richard 3628/4

Dans un futur d'une violence terrifiante, un flic surnommé Demolition Man en raison de ses méthodes, affronte un meurtrier sanguinaire.

Le dernier des Mohicans
COOPER Fenimore J. 2990/5

2001-l'odyssée de l'espace
CLARKE Arthur C. 349/2

Le diable au corps
RADIGUET Raymond 2969/1

Dragonheart
POGUE Charles Edward 4287/4

Elisa
FERNANDEZ-RÉCATALA 3980/4

E.T. L'extraterrestre
SPIELBERG Steven 1378/3

E.T. La planète verte
SPIELBERG Steven 1980/3

Etat second
YGLESIAS Rafael 3629/6

L'été en pente douce
PELOT Pierre 3249/3

Excès de confiance
ELLISON James 4245/3

Farinelli
CORBIAU Andrée 3955/3

Forrest Gump
Winston Groom 3816/4

Le Fugitif
DILLARD J.-M. 3585/4

Frankenstein
SHELLEY Mary 3567/3

Gaston Phébus
De BEARN Myriam & Gaston 2772/6, 2773/7 & 2774/5

Germinal
ZOLA Emile 901/3

Geronimo
CONLEY Robert J. 3714/3

Golden Girl
NASH Alanna 4241/6

Le grand chemin
HUBERT Jean-Loup 3425/3

L'homme sans visage
HOLLAND Isabelle 3518/3

Ils voulaient la lune
SHEPARD Alan 4115/7

Independence Day
DEVLIN & EMMERICH 4286/6

Le jardin secret
HODGSON BURNETT Frances 3655/4

J'étais empereur de Chine
PU-YI 2327/6

JF partagerait appartement
LUTZ John 3335/4

JFK
GARRISON Jim 3267/5 Inédit

Cinéma

Jonathan Livingston le goéland
BACH Richard 1562/1 Illustré
Joy
LAUREY Joy 1467/2
Joy & Joan
LAUREY Joy 1703/2
Joy (Le retour de)
LAUREY Joy 3388/3
Junior
FLEISCHER Leonore 3876/3
Kramer contre Kramer
CORMAN Avery 1044/3
Lancelot, le premier chevalier
CHADWICK Elizabeth 4030/4
La lectrice
JEAN Raymond 2510/1
La liste de Schindler
KENEALLY Thomas 2316/6
Little Big Man
BERGER Thomas 3281/8
Love story
SEGAL Erich 412/1
La machine
BELLETTO René 3080/6
Madame Bovary
FLAUBERT Gustave 103/3
Le Magicien d'Oz
BAUM Frank 1652/1
Maman j'ai encore raté l'avion
SINGER A. L. 3387/2
Le mari de l'Ambassadeur
HEBRARD Frédérique 3099/6
Meurtre à la une
DIEHL William 4247/6
1492 La conquête du paradis
THURSTON Robert 3403/3
Milliardaire malgré lui
SUNSHINE Linda 3831/4
Misery
KING Stephen 3112/6
Les nuits fauves
COLLARD Cyril 2993/3
Les oiseaux se cachent pour mourir
McCULLOUGH Colleen 1021/4 & 1022/4
Oliver's story
SEGAL Erich 1059/2
Orphée
COCTEAU Jean 2172/1
Où sont les hommes ?
Mc MILLAN Terry 4037/8
Peter Pan
BARRIE James M. 3174/2
Peur Bleue
KING Stephen 1999/3
Présumé innocent
TUROW Scott 2787/7
Priez pour nous
DUROY Lionel 3138/4
Le Prince des marées
CONROY Pat 2641/5 & 2642/5
Pulsions
DePALMA Brian 1198/3
Les quatre filles du Dr March
ALCOTT Louisa M. 3877/3
La reine Margot
DUMAS Alexandre 3279/3
Rends la monnaie, papa !
FAUCHER Elizabeth 3746/3
Richard au pays des livres magiques
STRASSER Todd 3875/4
Robocop
NAHA Ed 2310/3
Running Man
KING Stephen 2694/3
Sauvez Willy
HOROWITZ Jordan 3627/4
Sauvez Willy - 2
HOROWITZ Jordan 4078/4
La servante écarlate
ATWOOD Margaret 2781/5
Shining
KING Stephen 1197/5
Simetierre
KING Stephen 2266/6
Le sixième jour
CHEDID Andrée 2529/3
Stargate
DEVLIN Dean 3870/6
Striptease
HIAASEN Carl 4284/7
Le temps de l'innocence
WHARTON Edith 3393/5
The Player
TOLKEN Michael 3483/3
37°2 le matin
DJIAN Philippe 1951/4
Les Trois Mousquetaires
DUMAS Alexandre 3461/7
Un mari, c'est un mari
HEBRARD Frédérique 823/2
Un Indien dans la ville
Le NABOUR Eric 3979/3
Une journée en enfer
CHIEL Deborah 4031/3
Vingt mille lieues sous les mers
VERNE Jules 3654/5

ÉPOUVANTE

Depuis deux siècles, le roman d'épouvante fascine des générations de lecteurs avides et terrifiés. Mary Shelley, Bram Stoker lui ont donné ses lettres de noblesse. Stephen King, Dean Koontz, Joe Lansdale, Brian Stableford et d'autres talentueux inventeurs de cauchemars ont régénéré ses thèmes.

Sous le signe du surréel, le genre est une véritable plongée dans des jardins secrets où fleurit l'horreur.

BARKER Clive

Cabale
3051/4

Livres de sang

Plus sombres qu'un cauchemar, puisées dans les ténèbres de l'âme, voici les histoires écrites sur le *Livre de Sang*. Celles d'un monde de terreur où les morts se révoltent et se vengent des vivants !

- Livre de sang
2452/3
- Une course d'enfer
3690/4
- Confessions d'un linceul
3745/4
- Apocalypses
4008/4
- Prison de chair
4065/4
- La mort, sa vie, son œuvre
4202/4

BLATTY William P.

L'exorciste
630/4

BRITE Poppy Z.

Âmes perdues
4136/6

Dans les bas-fonds de La Nouvelle-Orleans, Molochai, Twig et Zillah choisissent leurs victimes parmi les ados désespérés, qui traînent là où règnent le sexe, le rock, l'alcool et la drogue. Après une nuit passionnée, les garçons sont vidés de leur sang. Les filles, elles, servent à la reproduction des vampires.

CAMPBELL Ramsey

La poupée qui dévora sa mère
1998/3 Inédit

Le Parasite
2058/5 Inédit

La lune affamée
2390/5

Spirale de malchance
3711/8 Inédit

Désirs inavouables
4112/7 Inédit

L'immeuble n'était pratiquement pas habité. Juste une vieille dame, qu'on voyait de temps en temps. Plutôt gentille : le genre à vous apporter un gâteau. D'un goût plutôt bizarre, d'ailleurs. Et puis l'horreur fondit sur eux...

CITRO Joseph A.

L'abomination du lac
3382/4 Inédit

CLEGG Douglas

Neverland
3578/5

COLLINS Nancy A.

La volupté du sang
3025/4 Inédit

Internée dans un asile d'aliénés, Sonia Blue est en réalité un vampire. Lorsqu'elle parvient à s'échapper, c'est pour se venger de ceux qui ont cherché à la détruire.

Appelle-moi Tempter
3183/4 Inédit

Garouage
4181/3 Inédit

Jusqu'alors, Skinner avait été plutôt solitaire. Jusqu'à ce qu'il découvre *Vargr*, un groupe de hard-rock dément. Alors, il eut la révélation de sa vraie nature. Skinner était un loup-garou, comme tous les membres de *Vargr*.

Péchés innommables
4328

GARTON Ray

Tapineuses vampires
3498/3

GOWER Daniel

Le Procédé Orphée
3851/7

HODGE Brian

La vie des ténèbres
3437/7 Inédit

Les saints les plus sombres
4223/6 Inédit

JAMES Peter

Possession
2720/6

Prophétie
3815/6 Inédit

Trois siècles après la mort de Lord Halkin, son esprit maléfique s'empare d'un jeune garçon pour accomplir son œuvre destructrice.

Bruits de tombes
4157/6 Inédit

Morte en mémoire vive
4280/8 Inédit

JETER K. W.

Les âmes dévorées
2136/4 Inédit

Le ténébreux
2356/4 Inédit

La source furieuse
3512/4

KAYE Marvin

Lumière froide
1964/3

ÉPOUVANTE

KOJA Kathe
Brèche vers l'enfer
3549/4
Décérébré
3650/4 Inédit
Corps outragés
3764/5 Inédit
Le sang des anges
4097/4 Inédit

C'était une œuvre étrange, qui évoquait Bosch, ou peut être Bacon. Renseignements pris, son auteur était schizophrène, interné dans un hôpital psychiatrique. Le tableau fascinait Grant, l'obsédait. Il n'avait plus qu'une idée en tête : retrouver le génie singulier qui l'avait peint.

KOONTZ Dean R.
Feux d'ombre
2537/7
Chasse à mort
2877/6
Les étrangers
3005/9
Les yeux foudroyés
3072/8
Le temps paralysé
3291/6
Midnight
3623/8

LAWS Stephen
Darkfall
3735/5 Inédit

LEVIN Ira
Un bébé pour Rosemary
342/4

LIGNY Jean-Marc
Inner City
4159/4

MATHESON Richard
La maison des damnés
612/4

McCAMMON Robert R.
Mary Terreur
3264/7 Inédit

MONTELEONE Thomas
Fantasma
2937/4 Inédit
Le sang de l'agneau
4342/5 Inédit

QUENOT Katherine E.
Rien que des sorcières
3872/7

SAUL John
Le châtiment des pécheurs
3951/6 Inédit

SELTZER David
La malédiction
796/2 Inédit

SHELLEY Mary
Frankenstein
3567/3

Le Dr Frankenstein parvient à animer une créature reconstituée à l'aide de débris humains...

SIMMONS Dan
Le chant de Kali
2555/4

Des cadavres qui ressuscitent, une déesse dévoreuse d'âmes : il est des endroits maléfiques. Calcutta est de ceux-là.

SKIPP & SPECTOR
Décibels
3927/7 Inédit

SOMTOW S.P.
Vampire Junction
2862/6

Il a douze ans et c'est un phénomène, puisqu'il est chanteur et déjà milliardaire. Mais il délire : il dit qu'il n'a pas d'âme, qu'il est un vampire. Les médecins haussent les épaules : psychose. Mais s'ils se trompaient ?

STABLEFORD Brian
Les loups-garous de Londres
3422/7 Inédit

Menant une enquête en Egypte sur les phénomènes occultes, un homme et un enfant sont propulsés dans un univers de songes sataniques... les loups-garous se réveillent.

L'ange de la douleur
3801/7 Inédit

STOKER Bram
Dracula
3402/7

STRIEBER Whitley
Wolfen
1315/4
Les prédateurs
1419/4
Cat Magic
2341/7
Animalité
3587/6
Feu d'enfer
4051/6

TESSIER Thomas
La nuit du sang
2696/3

WATKINS Graham
Sacrifices aztèques
3603/6

X
Histoires de sexe et de sang
- Histoires de sexe et de sang
3225/4
- Le choix ultime
3911/6

4441

Réalisation:Zaos
Achevé d'imprimer en Europe (France)
par Brodard et Taupin à La Flèche (Sarthe)
le 19 mars 1997. 6428R
Dépôt légal mars 1997. ISBN 2-290-04441-5
Éditions J'ai lu
84, rue de Grenelle, 75007 Paris
Diffusion France et étranger : Flammarion